ADALNICE PASSOS LIMA

antes do seu tempo

uma biografia de

ADHAIL SPRENGER PASSOS

R. Doutor Goulin, 1523 Alto da Glória
CEP 80040-280 Curitiba-PR
(41) 3254-1616 e (41) 3558-8001
editorainverso@editorainverso.com.br
www.editorainverso.com.br
Facebook.com/editorainverso
Instagram @editorainverso

COORDENAÇÃO EDITORIAL / EDITORA
Cristina Jones

REVISÃO
Camila Dias Manoel

CAPA, PROJETO GRÁFICO E DIREÇÃO DE ARTE
Adriane Baldini

DADOS INTERNACIONAIS DE CATALOGAÇÃO NA PUBLICAÇÃO (CIP)
MONA YOUSSEF HAMMOUD – CRB/9ª.1393

L732a

LIMA, Adalnice Passos. **Antes do seu tempo.**
Curitiba: Editora InVerso, 2024
136 p. 16 x 23 cm PTBR
ISBN 978-85-5540-366-8

1. Biografia. 2. Resgate histórico. 3. Curitiba. 4. Paraná.
5. Planejamento urbano. 6. Adhail Sprenger Passos. 7. Política.
I. Título

CDD: 926.2

BIOGRAFIA: 926.2
PLANEJAMENTO: 711.4

Meus agradecimentos à minha filha, Gisele, a quem couberam as primeiras críticas, sugestões e estímulos.

Aos jornalistas dos veículos de comunicação de Curitiba e do Paraná que, ao publicarem a atuação do vereador, do deputado e do gestor público Adhail Sprenger Passos, possibilitaram o resgate dos fatos relatados nesta publicação e, mais que isso, desvelaram uma pequena parte dos bastidores da atividade política e seus reflexos junto aos curitibanos e aos paranaenses.

PREFÁCIO

Adhail Sprenger Passos, meu pai, comedido com mimos e reservado nas demonstrações de carinho, foi extremamente cioso com a formação dos dois filhos. Desde cedo me incentivou ao hábito da leitura, o que me proporcionou uma vida de liberdade imaginária. As restrições que acompanharam a infância e adolescência, hoje, considero verdadeiras demonstrações de zelo paterno. Zelo que, mais tarde, meu irmão e eu dividiríamos com curitibanos e paranaenses.

O desejo de escrever sobre Adhail é antigo. Tive que esperar o amadurecimento da vida e, também, achar uma forma de organizar o relato da vida de um cidadão idealista que foi capaz de concretizar alguns sonhos, mesmo em circunstâncias muito adversas. Nada de saudosismo. Somente, em primeiro lugar, uma vontade imensa de compreender melhor a vida de meu pai e, talvez, levar o leitor a fazer uma reflexão histórica, social e política do período em que Adhail viveu.

A conjuntura política do Brasil caracteriza-se hoje pelo descrédito generalizado nos políticos, e só com o passar do tempo é que entendi a razão pela qual ficava magoada quando críticas genéricas a parlamentares e governantes impunham a Adhail adjetivos nada agradáveis. Adhail sempre foi diferente e não merecia aqueles "elogios". Adhail Sprenger Passos foi um político que serviu plenamente aos curitibanos e paranaenses em cada minuto de sua vida pública.

Este livro é mais que um resgate histórico de feitos em prol da comunidade. É a apresentação da personalidade de Adhail Sprenger Passos por meio de sua atuação política. É registro dos embates presentes na atividade política, é a constatação de que:

Nada acontece por acaso.
Não existe a sorte.
Há um significado por detrás
de cada pequeno ato.
Talvez não possa ser visto
com clareza, imediatamente,
mas sê-lo-á antes que
se passe muito tempo.
(Richard Bach)

O leitor terá diante de si uma biografia nada convencional. Como Adhail Sprenger Passos resguardou seus familiares do que se passava no partido, no Legislativo e no administrativo municipal de Curitiba, estadual e federal. Os recortes de jornal cuidadosamente por ele arquivados foram a principal fonte de informação para este livro. Os textos publicados em alguns periódicos desvelam não só pormenores das atividades do homem público, mas também a repercussão que sua forma de agir e pensar teve na comunidade.

Em cada capítulo da biografia de Adhail Sprenger Passos, o leitor vai construindo-lhe a personalidade e entendendo os motivos pelos quais chegou a ser um parlamentar e administrador público respeitado até mesmo pelos adversários políticos. Os primeiros cinco capítulos tratam da formação do político e fazem referência a fatos da história do Paraná nos **anos 1950**; e do Brasil, na década **de 1960**. Nos demais, o leitor toma conhecimento das lutas e conquistas do vereador, do deputado e do administrador público, e vem a perceber que Adhail Sprenger Passos foi um homem adiante de seu tempo. O discurso e muitos clamores de Adhail não tiveram eco junto aos seus pares. Foi um paladino, quase que solitário, de questões que, depois de décadas, congregam milhares de defensores. Você, leitor, pode ser um dos que hoje abraçam as causas por ele já defendidas num passado não muito distante.

Voltar ao passado é muito mais que recordar e ter saudades. Aqui é registrar alguns fatos da vida de um homem que seguiu os conselhos de Mahatma Gandhi[1] para a construção do ser humano:

Política *com* princípios,
prazer *com* compromissos,
riqueza *com* trabalho,
sabedoria *com* caráter,
negócios *com* moral,
CIÊNCIA *COM* HUMANIDADE e
oração *com* caridade.

[1] Excerto adaptado (N. da R.).

apresentação

ADHAIL, UMA VIDA DEDICADA AO BEM COMUM

É com grande reverência e gratidão que apresento estas páginas, dedicadas a contar a história de ADHAIL SPRENGER PASSOS, um homem público notável e um ser humano extraordinário que, se estivesse entre nós, estaria celebrando seu centenário de nascimento.

Recebo com honra e satisfação, por parte da estimada família, a prazerosa missão de apresentar justa homenagem por ela prestada, por uma trajetória de transparência, a um dos ícones da vida pública, acadêmica e social humanitária, da Cidade de Curitiba e do Estado do Paraná. Trata-se do Professor Adhail Sprenger Passos, muito cedo o conheci, pela amizade das nossas famílias, principalmente em relação aos meus saudosos pais, também Professores, Hôda e Riad Salamuni.

Lembro-me ainda criança, das reuniões que vários docentes da nossa tradicional Universidade Federal do Paraná — UFPR, realizavam, muitas das quais, na sala da casa onde morávamos, na esquina da rua 7 de abril com Conselheiro Carrão, na nossa cidade de Curitiba. Mais tarde vim a saber, que tratava-se do 'Movimento dos Professores', que entre outros, reunia intelectuais da têmpera, do porte acadêmico de Professores Doutores como Riad Salamuni, José Lamartine Corrêa de Oliveira Lyra, Adhail Sprenger Passos, José Rodrigues Vieira Netto, Newton Freire Maia, Dante Romanó Júnior, Amilcar Gigante, traçando estratégias para a abertura democrática do Brasil.

Adhail se filia com apoio dos colegas de cátedra, ao MDB — Movimento Democrático Brasileiro e por ele é eleito com votações expressivas, por três legislaturas Vereador da Cidade de Curitiba.

Com uma sólida formação acadêmica, como engenheiro e economista, contribuiu na Câmara Municipal de Curitiba, com projetos na área social e urbanística, um deles foi possivelmente o primeiro projeto de urbanização comunitária de Curitiba, no então bairro do Capanema, hoje Jardim Botânico, comunidade eleitoralmente herdada por mim, anos mais tarde para o exercício da vereança. Na qualidade de engenheiro, foi um dos responsáveis pela construção do Anexo II da Câmara Municipal de Curitiba.

Muitos pontos comuns de nossas trajetórias pessoais e públicas, que a mim serviram de inspiração para os consecutivos mandatos populares que exerci, a saber: o trabalho social e comunitário, Movimento Escoteiro, do qual fomos dirigentes e Presidentes do então Conselho Regional da União dos Escoteiros do Brasil — UEB/Paraná, atuação em Rotary, a ASSOMA — Associação de Meninas e Meninos de Rua de Curitiba, ambos fomos Vereadores por muitas legislaturas e Prefeitos interinos de Curitiba, em épocas distintas, atuações parlamentares absolutamente independentes, lutamos determinados contra o estado de exceção, atos institucionais, prisões arbitrárias e pelo fim da ditadura instalada no Brasil nos anos 1960, 1970 e 1980. A exemplo do título do livro, tivemos uma vida pública TRANSPARENTE determinada, onde os princípios, foram, são e continuarão sendo inegociáveis.

Ao longo deste livro, convido os leitores a explorar os caminhos que moldaram a vida deste homem, marido, pai, avô exemplar - um engenheiro, economista, professor, político cuja contribuição reverbera nas páginas da história de Curitiba e do Estado do Paraná. Adhail não foi apenas um cidadão de realizações notáveis, mas também inspiração para todos aqueles que tiveram o privilégio de conhecê-lo. Como educador, Adhail deixou a sua marca em salas de aula, transmitindo conhecimento e valores a gerações de alunos em instituições privadas e na venerável Universidade Federal do Paraná (UFPR). Sua paixão pela leitura não só o enriqueceu culturalmente, mas também influenciou sua abordagem humanista à vida.

Na esfera pública, Adhail iniciou sua jornada assessorando o prefeito de Curitiba na década de 1940, antes de ser eleito Vereador por três legislaturas. Como Deputado Estadual, eleito em 1982, contribuiu significativamente para o desenvolvimento do Paraná, refletindo seu compromisso com o bem estar de todos os seus concidadãos. Ele não apenas ocupou cargos públicos, mas os desempenhou com denodo, com integridade, ética e uma visão clara de serviço público.

Em 1985, Adhail foi eleito Vice-Prefeito de Curitiba, assumindo interinamente a prefeitura em diversas ocasiões, simultaneamente presidiu o Instituto de Pesquisa e Planejamento Urbano de Curitiba - IPPUC, que ajudou a implantar na década de 1960. Sua gestão foi marcada por uma abordagem técnica, ética, transparente e dedicada ao desenvolvimento sustentável da capital paranaense.

Ao folhear estas páginas, convido você leitor a mergulhar na riqueza da vida de Adhail, explorando momentos que moldaram não apenas sua trajetória, mas também o destino daqueles que o cercavam. Esta obra não é apenas um registro biográfico, mas um tributo a um homem cujo legado ecoa nas mentes daqueles que foram tocados por sua sabedoria, humanidade e dedicação ao bem comum.

Como testemunha ocular e uma espécie de discípulo político, sinto-me profundamente honrado por ter a oportunidade de apresentar, a história do mestre Adhail, um líder cujos passos servem de farol para aqueles que buscam um caminho de integridade e serviço à comunidade. Que estas páginas inspirem a reflexão, aprendizado e um renovado compromisso com valores que Adhail tão admiravelmente personificou.

Como vaticinou um dia o saudoso Doutor Ulysses Guimarães, Presidente do MDB e do PMDB (partido ao qual Adhail era filiado), Presidente da Assembleia Nacional Constituinte de 1988, de quem Adhail era amigo:

"ADHAIL CHEGOU! Bem aventurados os que chegam. Não se desencaminhou na longa marcha, não se desmoralizou capitulando ante pressões aliciadoras e comprometedoras, não desertou, não caiu no caminho. O Brasil, o Estado do Paraná e a Cidade de Curitiba lhe mandaram executar um serviço, ele o fez, com amor, aplicação e sem medo".

ADHAIL! QUE SUA VIDA E SEU LEGADO CONTINUEM
A ILUMINAR NOSSOS CAMINHOS.

Paulo Salamuni
Procurador do Município de Curitiba
Vereador de Curitiba por sete legislaturas

sumário

1
o menino

A educação é onde decidimos se amamos nossas crianças o bastante para não expulsá-las de nosso mundo.
(Hannah Arendt)

O menino Adhail na Guarapuava dos anos 1920. Ao redor da casa cor-de-rosa, Adhail brincava como qualquer menino. Experimentava a vida em cada brincadeira. Não se preocupava com o futuro, nem imaginava o que o futuro lhe reservaria.

Casa em que Adhail nasceu em Guarapuava-PR (acervo pessoal).

Até os 6 anos, Adhail corria pelos campos, subia e descia das árvores para pegar uma fruta ou simplesmente para olhar as coisas lá de cima. Companheiros certos eram os dois irmãos mais velhos, Adherbal e Adhemaro. Enquanto a mãe, Alcemira, cuidava da casa, atenta às peripécias dos filhos, Arthur, o pai, seguia diariamente para o trabalho, o Grupo Escolar Visconde de Guarapuava, onde foi professor e diretor. Mais tarde passou a trabalhar na agência do Banco Nacional do Comércio, responsável pela contabilidade.

Grupo Escolar Visconde de Guarapuava (Fonte: IBGE).

Os adultos também tinham momentos de lazer na Guarapuava de ontem. Além dos passeios no campo e das visitas a amigos, a Guarapuava daquela época já oferecia o cinema, de propriedade da família da mãe do Adhail, os Sprenger. Os filmes ali exibidos eram mudos, e Arthur era o responsável pela musicalização das cenas dos filmes. Enquanto todos estavam de olhos fixos na tela, o professor do hoje Colégio Estadual Visconde de Guarapuava e contador do Banco Nacional do Comércio tocava sua flauta transversa.

A vida seguia tranquila, e parecia que estavam no paraíso. Os meninos cresciam, mas o pai preocupava-se com o futuro deles. Sabia que os quatro anos de escola que a cidade oferecia não seriam suficientes para que, quando adultos, os filhos pudessem ter melhores oportunidades de trabalho. Veio a chance de ser transferido para a capital. A decisão de mudar-se para Curitiba não foi difícil, pois, na capital, os meninos poderiam dar continuidade aos estudos, ir além dos quatro primeiros anos.

E lá se foi o pequeno grande mundo do Adhail. Não ficou triste, porque a viagem de carroção ficou marcada na sua memória de menino de 6 anos. Sempre comentou que havia durado uma semana. Não se sabe se foi tudo isso. O certo é que a memória de criança lhe dizia que a viagem de carroção durara muito. Depois de vencer a longa estrada de terra até Ponta Grossa, seguiram em direção à capital por outra estrada, melhorzinha, mais tarde substituída pela BR-277, que anos mais tarde teve o irmão mais velho, Adherbal, como responsável técnico pela construção de suas pontes de concreto e participante de uma façanha da engenharia de estradas: uma enorme reta de 10 km. Orgulho não só do irmão Adherbal, mas da família inteira.

E as aventuras do menino Adhail? A viagem para Curitiba, certamente, foi a maior delas: vencer todas as dificuldades de quilômetros e quilômetros de estrada de terra. Mas as árvores da Guarapuava dos anos 30 não ficaram somente na memória. Foram substituídas pelas árvores do Passeio Público. A nova casa ficava na esquina da Rua Carlos Cavalcanti com a Rua Presidente Faria, ao lado do Passeio Público, considerado pelos três meninos o quintal da casa.

Estudar foi sempre a primeira obrigação, mas vieram outras. Naquela época, a Presidente Faria não tinha calçamento. Era lama pura nos dias de chuva. Pai Arthur, homem muito vaidoso e cuidadoso com sua vestimenta, não podia chegar ao banco com sapatos enlameados. Cabia ao ainda pequeno Adhail acompanhar o pai ao trabalho carregando sapatos limpos pelas poucas quadras que separam o Passeio Público da Rua XV de Novembro, local da sede do banco, onde hoje se encontra a Associação Comercial do Paraná. Tarefa encarada com naturalidade e até com certo prazer. Pura diversão. Quem, no tempo de criança, nunca se divertiu pisando no barro ou na água?

Depois a família foi morar perto da Praça Oswaldo Cruz. Adhail passou a desfrutar o campo de futebol da praça. No tempo de folga, agora um pouco mais velho, jogava partidas de pelada com outros meninos e com um vizinho, jogador do Coritiba. Ali percebeu que o futebol não seria para ele. No entanto, nos dias de jogo do Coxa, todos iam assistir ao desempenho do jogador vizinho, torcendo pela vitória do Coxa. Daí nasceu a paixão pelo verde e branco e a vontade de, já aos 17 anos, ser sócio contribuinte do Coritiba Foot Ball Club.

Certificado de sócio do Coritiba Foot Ball Club (acervo pessoal).

Além da escola, logo Adhail foi incumbido de ajudar financeiramente a família. Entre as muitas atividades que exerceu, a que mais comentava foi a de entregador de sapatos. Na Curitiba da década de 1930, era comum as madames solicitarem que a loja fosse até elas: o e-commerce daquela época. E lá ia Adhail carregando algumas caixas de sapato pelas ruas de Curitiba. A missão era considerada um sucesso quando a cliente gostava de algum modelo.

Indo de lá para cá, foi memorizando o nome das ruas, os detalhes das construções e conhecendo a Curitiba das quatro estações do ano em um único dia. Passou a perceber, nos detalhes, a cidade que o acolhera.

Mais tarde, o aluno do Ginásio Paranaense, após ter-se submetido a concurso, passou a trabalhar no gabinete dos prefeitos Rozaldo Leitão (1940) e Alexandre Beltrão (1943-1944).

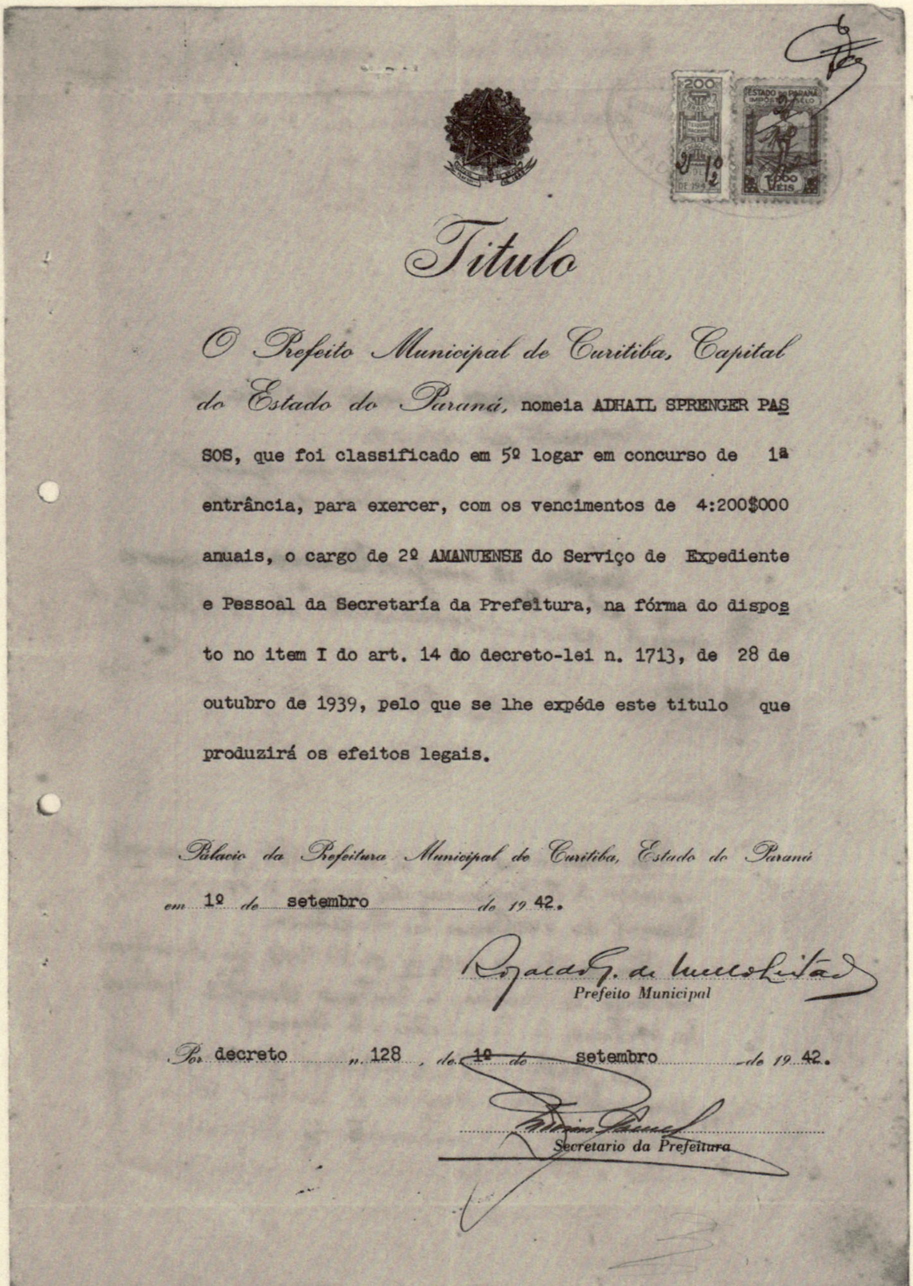

Titulo

O Prefeito Municipal de Curitiba, Capital do Estado do Paraná, nomeia ADHAIL SPRENGER PASSOS, que foi classificado em 5º logar em concurso de 1ª entrância, para exercer, com os vencimentos de 4:200$000 anuais, o cargo de 2º AMANUENSE do Serviço de Expediente e Pessoal da Secretaría da Prefeitura, na fórma do disposto no item I do art. 14 do decreto-lei n. 1713, de 28 de outubro de 1939, pelo que se lhe expéde este titulo que produzirá os efeitos legais.

Palacio da Prefeitura Municipal de Curitiba, Estado do Paraná em 1º de setembro de 1942.

Prefeito Municipal

Por decreto n. 128, de 1º de setembro de 1942.

Secretario da Prefeitura

Documento de nomeação para a função de amanuense na Prefeitura de Curitiba (acervo pessoal).

Como amanuense, denominação dada ao secretário, aprendeu muito sobre a organização do município. Lidou com um mundaréu de documentos e, entre eles, o Plano Agache, oficialmente conhecido como Plano Diretor de Urbanização de Curitiba. O primeiro dos muitos outros que viriam e aos quais Adhail sempre deu sua contribuição.

Adhail discutindo alterações no Plano Diretor de Curitiba (acervo pessoal).

Secretário de dois prefeitos, Rozaldo Leitão foi aquele que deixara grandes marcas na formação do jovem Adhail. Com frequência, lembrava-se de um dos conselhos dele recebidos: "A primeira preocupação de uma família é a aquisição da casa própria. Ela ninguém a tira de você". Deste trabalho, bem diferente dos anteriores, lembrava-se com um sorriso suave, brilho nos olhos e até certo orgulho. Talvez porque tenha sido do dia a dia do gabinete do prefeito que tenha brotado o respeito pela "coisa pública" e intensificado o amor por Curitiba.

Na adolescência, Adhail precisou mais do que nunca dos seus pais. A mãe tinha falecido quando ainda morava em Guarapuava. O carinho e os cuidados que deveria ter recebido de Alcemira foram dados pela madrinha, por tias e, mais tarde, pela segunda esposa do pai, Alvina Kruger Passos, a quem sempre chamou de mãe. Arthur também já tinha falecido quando, já adolescente, sentiu a necessidade de conversar com alguém mais experiente sobre o futuro. Do pai lembrava o motivo que fizera a família mudar-se de Guarapuava para Curitiba: dar a ele e aos irmãos a continuidade dos estudos na capital do estado. Na cabeça do adolescente Adhail, o pai seria a pessoa mais adequada para uma conversa sobre a continuidade dos estudos. No entanto, a decisão que em breve teria que tomar deveria também considerar que a família agora estava maior. O casamento do pai com Alvina trouxe mais dois irmãos, Artur Oscar e Carlos Artur. O que fazer? Continuar estudando ou trabalhar para aliviar as despesas da família?

Para o jovem de 16 anos, a vaga lembrança do pai exaltando a importância do estudo e a relação feliz do irmão mais velho com a engenharia foi a inspiração. Matriculou-se no curso Pré-Engenheiro do Ginásio Paranaense[2].

Seria engenheiro tal qual o irmão, seu modelo. A escolha foi consciente e bem refletida, mas o curso de Engenharia não estava sendo fácil. Tinha algo errado. Parecia que estava usando um sapato que não era o seu. Haveria outra opção? Medicina? Nem pensar. Não podia ver sangue. Até a imagem em uma revista poderia lhe causar desconforto, tão grande era a "fraqueza" para tudo o que estivesse relacionado a sangue.

O tempo foi passando, e, estimulado pela noiva, Judith, resistia ao desconforto de estudante que a opção pela Engenharia lhe trazia. Nas crises, confessava para Judith: "Não quero ser empilhador de tijolos". E, a cada uma delas, Judith, com todo o poder de persuasão do mundo, lembrava-lhe que não precisaria empilhar tijolos, que o curso ofereceria outras opções, e demovia-o da desistência.

Não fosse sua atuação como auxiliar de redator, redator-chefe e diretor da *Revista Técnica* publicada pelo Diretório Acadêmico de Engenharia da Universidade Federal do Paraná (UFPR), o período universitário teria sido muito pesado. Aos trancos e barrancos conseguiu terminar o curso, tendo como colega Ivo Arzua Pereira, prefeito de Curitiba de 1962 a 1966. Missão cumprida em 1949.

---

[2] Na época, a educação tinha duas etapas: a primária (quatro anos) e a secundária, composta por dois ciclos, de cinco e dois anos, respectivamente. O Ginásio Paranaense, hoje Colégio Estadual do Paraná, era onde os alunos se preparavam para os cursos universitários durante os dois últimos anos.

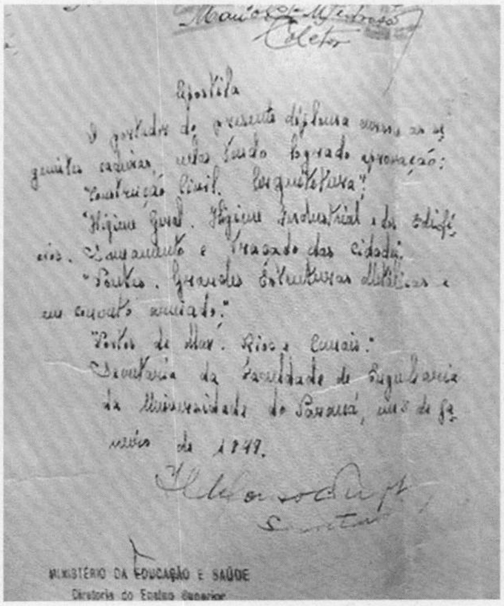

Verso do diploma com as habilitações outorgadas pelo curso de Engenharia (acervo pessoal).

REVISTA TÉCNICA

DIRETORIO ACADÊMICO

Registrada no D.I.P
Publicada sob os auspicios do
DIRETORIO ACADEMICO DE ENGENHARIA DO PARANA
REVISTA TRIMESTRAL

8 JANEIRO — MARCO DE 1945 TOMO II

Diretor: [illegible]VID DA LUZ FONTES
Diretor Comercial: NICOLAU CHAIBEN
Secretário: ADEL KARAM
Redator-chefe: [illegible] SPRENGER PASSOS
Redator-auxiliar: DANTE BIANCO
Redator-desenhista: ORLANDO P. SILVEIRA
João Haupt & Cia. Ltda. Curitiba

SUMARIO

AOS NOSSOS LEITORES ... 3
DIRETORIA DO D.A.E.P., gestão de 1943 ... 4
AS FORMULAS ESTETICAS E A FILOSOFIA DA ARQUITETURA CONTEMPORANEA — Engenheiro Arquiteto Carlos Baroni[illegible] ... 5
CURITIBA DE ONTEM E DE HOJE ... 8
CALCULO RAPIDO DAS PONTES DE MADEIRA — Engenheiro Maximo Atilio Asinelli ... 9
SOBRE-ELEVAÇÃO e SUPER-LARGURA NAS CURVAS DE RODOVIAS — Capitão de Engenharia Joaquim José R. Bentes Collares ... 27
TEORIA ELEMENTAR DAS CONICAS — Dr. Olavo del Claro 35
ESTABILIDADE DE UM MURO DE ARRIMO COM APLICAÇÃO DE CORTINA PROTETORA DE ESTACAS — José Pilella Jor. e Ralf J. Leitner ... 45
OBRAS DA PREFEITURA MUNICIPAL DE CURITIBA — Grupo Escolar Republica do Uruguai — Perspectiva do Centro Civico [illegible] — Pavimentação — Educação e Saúde . 55
SECRETARIA DE VIAÇÃO E OBRAS PUBLICAS — Centro de Saude de Curitiba ... 61
PALACETE RESIDENCIAL (Motivo Arabe) — Elgson R. Gomes ... 66
ENGENHEIROS CIVIS DE 1944 ... 69
ORAÇÃO DE PARANINFO — Dr. Flavio Suplicy de Lacerda 71
CURITIBA — CIDADE MODERNA ... 78
ORAÇÃO DE FORMATURA — Engenheirando Adherbal Sprenger Passos ... 79
DIVERSOS — Nossa capa — Muños Ferrada — Escola Nacional de Engenharia — Novas diretorias — Diretoria do Diretorio Academico de Engenharia do Parana, ano de 1943 — Resenha Bibliografica ... 91
DIRETORIO ACADEMICO DE ENGENHARIA DO PARANA — Diretoria, exercicio de 1913 — 1.ª Assembleia Geral — O Dinamo — Atuais dirigentes do D.A.E.P. — Jacob Chede Baffara — Sociais — Esportivas — Historico ... 95

REVISTA TÉCNICA

DIRETORIO ACADÊMICO

Registrada no D. I. P.
Publicada sob os auspicios do
DIRETORIO ACADEMICO DE ENGENHARIA DO PARANA
REVISTA TRIMESTRAL

10 JANEIRO — MARÇO DE 1947 TOMO III

Diretor: [illegible]DRAIL S. PASSOS
Diretor Comercial: ADEL KARAN
Secretário: [illegible] GOMES DE MORAES
Redator-Chefe: CAMIL GEMAEL
Redator-Auxiliar: [illegible]TONIO MONTES LUZ
Redator-Desenhista: [illegible]MA COSTA PALMEIRA
Auxiliares à Direção Comercial: [illegible]ARIO BRANDALISE, [illegible] CARLOS SANTOS, OMAR C. SANTO, RENATO PILOTO
João Haupt & Cia. Ltda. Curitiba

SUMARIO

AOS NOSSOS LEITORES ... 3
CONDIÇÕES ATUAIS DAS INDUSTRIAS DE LAMINADOS E COMPENSADOS — Engenheiro Civil Agostinho Ermelino de Leão Filho ... 5
INSTALAÇÃO, OPERAÇÃO E MANUTENÇÃO DE MOTORES DE INDUÇÃO TRIFASICOS — Engenheiro Eletricista Carlos F. G. Ramires ... 11
A DESINTEGRAÇÃO DO ATOMO — Acadêmico Alvaro Lúcio 17
PROJETO DE NORMAS PARA ESTRUTURA DE MADEIRA — (Transcrito do D. A. E. R.) ... 33
CALCULO RAPIDO DAS PONTES DE MADEIRA — Eng. Civil Maximo Atilio Asinelli ... 59
QUESTÕES DE URBANISMO — Eng. Civil José Bittencourt de Paula ... 96
CALCULO DAS LIGAÇÕES EM MADEIRA — Eng. Civil Venerveri[illegible] da Cunha ... 99
TEORIA ELEMENTAR DAS CONICAS — Continuação — Professor Olavo Del Claro ... 104
ORAÇÃO DE PARANINFO — Prof. Plinio Tourinho ... 115
ORAÇÃO DE PARANINFO — Prof. Amaro Mannes Mader 123
ORAÇÃO DE FORMATURA — Engenheirando [illegible] da Costa ... 132
ENGENHEIROS CIVIS DE 1946 ... 137
NOTICIARIO ... 139
NOSSA CAPA ... 144

REDAÇÃO E ADMINISTRAÇÃO
Rua Barão do Rio Branco, 151 · 1.º andar · Caixa Postal 418 · Fone [illegible]
CURITIBA — PARANA — BRASIL

Diretoria da Revista Técnica (acervo pessoal).

As agonias do curso de Engenharia ficaram para trás. Estava aliviado. Sentia como se tivesse chegado ao topo de uma montanha descortinando o mar de possibilidades profissionais que o curso lhe oferecia.

2
O Pai

Meu pai foi um homem como nenhum outro.
Ele me deu a vida, me alimentou, me ensinou, me vestiu,
lutou por mim, me segurou, gritou comigo, me beijou,
mas o mais importante: ele me amou incondicionalmente!
(Desconhecido)

Adhail casou-se com Judith Eunice Egg, a sua vizinha que morava em frente, na Rua Carlos de Carvalho, em Curitiba. Professora, formada pela Escola de Educação Física do Paraná, instituição estadual que muito mais tarde foi incorporada pela Universidade Federal do Paraná. Terminou o curso como melhor aluna e, de imediato, foi convidada a assumir a disciplina de Didática e Prática de Ensino. O convite certamente veio porque ela havia cursado anteriormente o magistério no Instituto de Educação do Paraná.

Foram morar bem pertinho da caixa d'água no Alto da XV. Casa alugada, de esquina e circundada por uma varanda, próximo do Colégio Nossa Senhora de Lourdes, onde Judith iniciou sua carreira profissional como professora. Para o novo casal, ali era o paraíso. Logo o senhorio pediu a casa, e foram morar em uma pensão no início da Rua João Negrão, enquanto aguardavam o inquilino da Dona Cecília, mãe de Judith, desocupar a parte térrea da casa.

Instalaram-se no andar térreo, na Rua Carlos de Carvalho. Adhail sabia que a nova moradia seria provisória e tratou de pôr em prática o conselho do prefeito Rozaldo Leitão (1940). Agilizou a compra da casa própria. Financiada e paga em prestações a perder de vista e com juros tão baixos a ponto de, nos dias de hoje, fazer inveja a qualquer um.

A tão sonhada casa no Jardim Botânico, 1953 (acervo pessoal).

Em 1953 a casa nova, no Capanema, hoje Jardim Botânico, ficou pronta. Com esposa e os filhos, Adalnice e Adalberto, Adhail passou a morar longe de tudo e de todos. "Na chácara", como sempre dizia a mãe de Judith, dona Cecília. E parecia mesmo. Na Rua Hildebrando de Araújo, passavam os leiteiros que traziam o leite das chácaras do Boqueirão para a cidade; e os soldados que, a cavalo, dirigiam-se ao Guatupê para treinamento. Esse jeitão de chácara permaneceu até 1960, quando a BR-116 cortou a periferia de Curitiba. Empreendimento importante, que contou com a presença do presidente Juscelino Kubitschek na inauguração do trecho que passava pela capital do Paraná. Nesta ocasião, os alunos do Grupo Escolar Hildebrando de Araújo estiveram na beira da estrada saudando o presidente com bandeirinhas. Deste fato, Adalnice só se lembra de que os carros pretos passaram a uma velocidade que a impedira de ver Juscelino e que, por estar de olhos arregalados, seus olhos se encheram de areia.

Por terem pai e mãe trabalhando fora de casa, independência e responsabilidade direcionavam a criação dos filhos. Mesmo sendo crianças, faziam o próprio prato, mas eram obrigadas a comer tudo. Caso não conseguissem, a sobremesa ficava para outra hora, pois o pai interpretava que estivessem de barriga cheia e estavam sem condições de comer a última parte da refeição. Aos filhos foi oferecida uma alimentação que contribuiu para a boa saúde. Horta e pé de limão rosa no quintal, suco de uva e conservas feitas em casa. No entanto, Adhail, preocupado em levar os filhos a comerem de tudo, jamais deixou que percebessem que não gostava de cebola. Então, para não quebrar a regra estabelecida, separava todos os pedaços de cebola que encontrava no prato e perguntava aos filhos: "Quem quer ser forte e inteligente?" Estava instalada a disputa pelos pedaços de cebola rejeitados pelo pai, que, com perspicácia, não revelava a rejeição ao tempero.

Os filhos cresciam e quase estavam atingindo a idade escolar. A escola mais próxima ficava no bairro Cristo Rei, o que impunha a Adalnice e Adalberto uma longa caminhada e muito perigo na travessia do trilho do trem. Não houve jeito. Os filhos foram matriculados no Grupo Escolar Cristo Rei (hoje Colégio Estadual Elias Abrahão), e coube aos adultos que acompanhavam as crianças a tarefa de redobrar os cuidados para evitar acidentes. Afinal, se Adhail veio de Guarapuava para Curitiba para ser engenheiro, uma caminhada um pouco longa não poderia impedir o início dos estudos dos seus filhos. Enquanto isso, ao Capanema, chegaram vizinhos e mais vizinhos, todos com crianças. Assim, em 1957, para a felicidade de Adhail e dos moradores do bairro, o governo do estado inaugurou o Grupo Escolar Hildebrando de Araújo. A escola ficou bem pertinho de casa. Alegria pela vinda da escola, mas um pouco de tristeza porque a ela foi destinado o espaço que, no futuro, seria a única praça do bairro. Adhail, jovem e ainda com seu futuro profissional incerto, nem percebeu que, no planejamento do bairro, a especulação imobiliária foi mais forte que a previsibilidade da necessidade de espaço para a construção da escola. A desapropriação de lotes não ocupados nem foi cogitada. A praça foi sacrificada com o lazer da comunidade.

A postura de pai com relação à educação dos dois filhos foi rígida. Quando chegavam da escola apresentando o boletim, mesmo que as notas estivessem boas, dizia a cada filho: "Não fez nada mais que sua obrigação". Naquele momento, o pai amoroso estava distante e os filhos viam-se diante do pai preocupado com a escolarização e consciente de que também era responsável pela qualidade da aprendizagem de seus filhos. Agia à semelhança de seu pai, Arthur, mas um pouco mais suave, para acompanhar os novos padrões de paternidade. A reação seca do pai Adhail fazia com que Adalnice e Adalberto perdessem a alegria de terem apresentado boas notas, mas foram se acostumando com esta face do pai e passaram a entender que todos tinham obrigações e que a mais importante obrigação dos filhos era o sucesso na escola. E ainda: que o sucesso escolar vinha muito mais do esforço do aluno do que do trabalho do professor.

A prioridade e preocupação com os estudos dos filhos podia ser vista no quarto das crianças. As *Enciclopédias Delta Júnior* e *Delta-Larousse* e o *Dicionário Caldas Aulete* quase comprometeram as finanças da família. Ficavam sempre ao alcance dos filhos. Alegria total dos filhos era a chegada da revista mensal *Nosso Amiguinho.* Tal como acontecia com a cebola, os dois disputavam a posição de ler o periódico por primeiro. Mais tarde, Adalberto ganhou a coleção intitulada *Como as coisas funcionam;* e Adalnice, muitos livros do Monteiro Lobato. Guardados em uma prateleira baixa, eram consultados sempre que uma dúvida ou uma curiosidade surgia. Elas eram tantas que, depois de muito abre e fecha, os livros ficaram desgastados, quase detonados. Os filhos cresceram, e os livros resistiram graças às repetidas recomendações: "Cuidado com o livro! Não deixe o livro fora do lugar!"

A chegada da televisão a Curitiba revelou quão preocupado Adhail foi com os estudos dos filhos. Sem pestanejar, dizia que a TV tomaria tempo das atividades escolares e antevia o boletim com notas vermelhas. Mais uma vez a persuasão de Judith foi ganhando espaço, até que ele se convenceu de que não poderia deixar os filhos à margem das mudanças dos tempos. A TV chegou e foi incorporada à rotina do período em que estavam em casa: primeiro, fazer as lições, depois brincar e só então ver TV. À noite, só poderiam assistir aos programas preferidos até às 21h, e, uma vez por semana, até às 22h. Além disso, qualquer deslize na escola era motivo para uma horrível punição: não assistir à TV.

Se para muitos Adhail parece ter sido exagerado após examinar o boletim escolar dos filhos, foi um visionário quando os matriculou em cursos de inglês. Mais uma vez o orçamento familiar foi alterado para dar prioridade à formação dos filhos. Para a filha, desde o início, não foi tarefa fácil. Aos 11 anos, foi matriculada na Cultura Inglesa, e o primeiro semestre foi um tormento. Foi reprovada e pediu para não estudar mais. O pai, embora parecendo ter ouvido o pedido da filha, foi firme e fiel aos planos educacionais para os filhos, dando a ela a seguinte resposta: "Tudo bem, acho que você não gostou da escola. Vou matricular você no Inter, porque você vai precisar de inglês no futuro". Era início da década de 60, e ninguém falava da necessidade de saber uma língua estrangeira. Com Adalberto não foi diferente.

Muito ativos, os filhos na adolescência exigiam mais atividades. Judith, a professora da Escola de Educação Física do Paraná, ia frequentemente ao Rio de Janeiro para cursos de aperfeiçoamento em uma das unidades do Exército, na Praia Vermelha. Lá era informada das novidades educacionais específicas para Educação Física, mas que seguiam as tendências da pedagogia da época, embora vindas da preparação de militares. As informações recebidas pela professora ativavam as lembranças das atividades escoteiras das quais participara quando adolescente, com os irmãos. Segundo os novos princípios educacionais da época, a disciplina de Educação Física, além da saúde, colaborava no desenvolvimento do trabalho em equipe, da responsabilidade e da autoavaliação para a conquista de metas, bem como à obediência a regras. Se, como professora de Didática e Prática de Ensino, Judith era responsável pelo preparo dos futuros professores de Educação Física, natural seria procurar aplicar isso com seus filhos. Mas onde? Como mãe, não podia interferir nos procedimentos pedagógicos da escola dos filhos. *Eureka!* O escotismo[3]. De comum acordo com Adhail, inscreveram os dois na maior organização educacional do mundo, complementar ao que é ensinado na escola e na família: o escotismo. Desta vez foi mais fácil convencer Adhail. Adalnice foi bandeirante, a versão feminina do Escotismo; e Adalberto, escoteiro.

Enquanto as amigas da filha utilizavam as tardes livres para ir ao cinema ou fazer um lanche no centro da cidade, Adalnice dedicava seu tempo a aulas de inglês, piano e atividades escoteiras aos sábados. Adalberto recebeu as mesmas oportunidades. Só não estudou música porque nunca se mostrou interessado. Gostava do futebol.

---

[3] O escotismo é um movimento educativo para jovens que está presente em mais de 160 países, e possui aproximadamente 28 milhões de membros em todo o mundo, agrupados em diferentes organizações. Enfatiza as atividades lúdicas com objetivos educativos, atividades ao ar livre e serviço comunitário, estas últimas com o objetivo de formar o caráter e ensinar, de forma prática, os valores humanos. Em suma, o escotismo procura o desenvolvimento físico, espiritual e mental dos jovens para que, desta maneira, possam tornar-se bons cidadãos. (Fonte: Infoescola).

Quando quase adultos, os filhos percebem os pais de outra forma. Passam a considerar os pais como conselheiros, companheiros e até parceiros. Adhail, ao fim dos anos 60, ao ser procurado pelo filho para conversar sobre sua vontade de abandonar seus estudos universitários, não se abalou. Escutou e, ao fim, perguntou: "O que pretende fazer em troca?" E o filho disse que trocaria o curso de Biologia da UFPR pelo mesmo curso nos EUA. "Mas como?", perguntou ao filho, "é muito difícil sair do Brasil para estudar fora!" Adalberto estava com todas as dificuldades transpostas: "Não se preocupe, que tudo está acertado. Ganhei uma bolsa completa de atleta em uma faculdade no Leste dos Estados Unidos (Erskine College). Estudo, quarto e trabalho por algumas horas dentro das dependências da faculdade já estão garantidos. Só preciso da passagem. Vou fazer Biologia nos EUA. O da Federal forma professor. Quero ser biólogo, e o curso da Federal só forma professor"[4]. Foi pego de surpresa; pensou um pouco, mas logo deu total apoio à decisão do filho, dizendo: "Boa escolha. Biologia é profissão do futuro". Há quem duvide de que os conhecimentos de Biologia sejam hoje aplicados a uma infinidade de situações das várias áreas do conhecimento, principalmente quando se trata da preservação do meio ambiente? Este foi o Adhail pai. Mais maduro, respeitando a escolha do filho e, ao mesmo tempo, preocupado com o filho independente em tão tenra idade.

Muito mais tarde, quando do endividamento colossal dos jovens adultos norte-americanos no início do século XXI, o mundo deu-se conta de que a escola apresentava uma lacuna no processo de preparar cidadãos: ausência da educação financeira para adolescentes diante da facilidade do crédito e estímulo ao consumo. Adhail, muito antes disso, já havia preparado seus filhos para a gestão pessoal do dinheiro. Tinham 11 anos quando ele passou a dar-lhes a mesada, que, na verdade, era semanada. Todas as segundas-feiras, os dois recebiam uma quantia para as despesas da semana: passagens de ônibus para aulas de inglês ou qualquer outra atividade, compra de lanche na escola um dia na semana, escotismo, ida ao cinema com pipoca nos fins de semana. Ao valor correspondente às despesas, era acrescentado um percentual para as "guloseimas" e para algumas eventualidades. Mas o mais importante era sempre a recomendação: "Se quiserem que sobre um pouco mais a cada semana, todos os dias levem de casa o lanche da escola". Aí ficava a orientação de que a forma

---

[4] O curso de Biologia, anteriormente chamado História Natural e Ciências Naturais, prepara profissionais para atuar em muitas áreas que exigem o conhecimento de como a natureza funciona: meio ambiente, indústria farmacêutica, criação de animais, agricultura e até na investigação de crimes. Hoje, os cursos oferecem dois graus acadêmicos distintos: bacharelato e licenciatura. Ao primeiro, está vedado o exercício da função de professor (Fonte: Universidade Federal Jataí-GO).

como escolhemos os gastos possibilita a poupança. Com o tempo, a mesada não cobria os gastos, e os filhos tinham a possibilidade de reivindicar aumento mediante apresentação de planilha com valor dos novos custos. Planilha analisada, se consistente, era aprovada; e o aumento, concedido. Se nos EUA a educação financeira dos adolescentes passou a constar do currículo escolar há pouco tempo[5], no dia a dia da casa do Adhail isto já era prática com os filhos. Antecipou-se a um problema social que surgiria muitos anos depois: a falência financeira das pessoas.

Na educação dos filhos, Adhail e Judith foram sempre parceiros do Estado. Este ofereceu o estudo, enquanto o casal cobrava resultados e complementava o período de escola com atividades voltadas ao desenvolvimento da cidadania.

---

[5] O Conselho Nacional dos Educadores Financeiros dos Estados Unidos justifica a inclusão da Educação Financeira nas escolas baseado no profundo princípio subjacente de que, se uma pessoa perde o momento de aprender os princípios e habilidades necessários para o controle do dinheiro para uma vida de sucesso, consequências desastrosas certamente serão tão severas como uma pobreza por toda uma vida e até de futuras gerações. (Fonte: Financial Educators Council).

3
De volta ao interior

Sua tarefa é descobrir o seu trabalho e, então,
com todo o coração, dedicar-se a ele.
(Buda)

O Paraná mostrava, na década de 50, que poderia ser um bom produtor de café. Tudo contribuía para isso. O clima e o solo davam aos cafeicultores um produto de qualidade e em quantidade de fazer inveja.

Esse sonho de grandiosidade agrícola começou com a compra das terras paranaenses por ingleses que, para promover o desbravamento e uso racional da terra, criaram a Companhia de Terras Norte do Paraná[6]. Contudo, a Segunda Guerra Mundial fez com que os ingleses vendessem a companhia para utilizar os recursos na recuperação da Inglaterra depois da guerra. Após uma intensa negociação em que Getúlio Vargas condicionou a inclusão da estrada de ferro da região para a efetivação da compra, a companhia passou para as mãos de brasileiros.

A política de atuação adotada pelos antigos proprietários foi mantida pelos novos donos, os brasileiros. Em 1951, a Companhia Melhoramentos, também sediada na região e possuidora de uma cerâmica e de uma serraria, foi incorporada à Companhia de Terras Norte do Paraná, passando a ser denominada Companhia Melhoramentos Norte do Paraná[7]. A ampliação trouxe maior abrangência para a política da nova empresa, que passou a executar um plano que considerasse não apenas a exploração da floresta, mas garantisse a formação de novas cidades, ou seja, a fixação no homem no campo[8].

E foi assim que Cafeeiros, distrito de Cruzeiro do Oeste, teve início. Embora distante apenas 8 km de Cruzeiro, desde muito cedo já contava com acesso facilitado por estrada, eletricidade, escola, posto de saúde e serraria para beneficiamento da madeira, tendo em vista que a primeira providência dos compradores das terras e futuros cafeicultores seria o desmatamento. Um plano de assentamento completo. E, contratado pela Companhia Melhoramentos Norte do Paraná, que pretendia transformar o norte do estado numa região racionalmente ocupada e pujante com plantio do café, para Cafeeiros Adhail foi com toda a família.

---

[6] Em 1924 um grupo de empresários ingleses, chefiados por Lord Lovat, entusiasmados pela exuberância da terra entre os Rios Tibagi, Ivaí e Paranapanema, adquiriram do Governo do Estado do Paraná 500 mil alqueires de terras nessa região e fundaram a Companhia de Terras Norte do Paraná. Seguindo o modelo inglês de parcelamento rural, a companhia foi abrindo a ferrovia ao longo do espigão para escoar a produção e fundando cidades a cada 10 ou 15 km, hoje as cidades de Cambé, Ibiporã, Jandaia, Tapejara, Umuarama, Londrina, Rolândia, Lovat (atual Mandaguari), Maringá, Cianorte e Sarandi (Fonte: Comanhia Melhoramentos Norte do Paraná).

[7] BELOTO, Gislaine. Cidade como peça-chave para o desenvolvimento regional: o planejamento paranaense nos anos de 1960. In: SEMINÁRIO DA HISTÓRIA DA CIDADE E DO URBANISMO, São Carlos: USP, 2016.

[8] CARDOSO, Cássia Regina Soares. O processo de ocupação do noroeste paranaense nas décadas de 1950 e 1960. Maringá: UEM, 2008.

De avião teco-teco, chegaram a Londrina, depois seguiram por estrada de terra até Cafeeiros, atravessando o Rio Ivaí em uma balsa.

Travessia do Rio Ivaí.
(Fonte: IBGE)

Estrada depois de atravessar o Rio Ivaí.
(Fonte: IBGE)

1949 – Balsa Hilda, travessia do Rio Ivaí entre Campo Mourão e Maringá (Fonte: Blog do Wille Bathke Jr).

Só depois de terem passado por dentro de densa mata, que mais parecia um túnel, chegaram ao destino. A pequena Cafeeiros não passava de uma única rua, com hotel, escritório da companhia, posto de saúde, escola e praça, circundada pelas enormes árvores, um minúsculo pedaço da floresta. O desenvolvimento de uma região do Paraná estava nas mãos de Adhail, que se sentia diante de uma ação de importância e cheio da esperança para transpor os desafios que teria que enfrentar na participação do desenvolvimento econômico do Paraná e na formação de cidades. Estava trabalhando na companhia responsável pelo surgimento de Londrina, Arapongas, Apucarana, Cianorte, Umuarama e Maringá. Esta última teria, anos mais tarde, o irmão mais novo de Adhail, Carlos Arthur, coordenando a equipe que elaboraria o planejamento urbano e o plano de desenvolvimento da cidade.

A família passou a morar no local onde tinha sido a farmácia. A esposa, professora, assumiu as aulas da escola rural. Os filhos, Adalnice e Adalberto, passavam o dia inteiro na escola, distraindo-se com brinquedos artesanais, feitos de lata, e tinham como parceiros os alunos da escola, filhos dos trabalhadores da empresa. Ainda não tinham idade para iniciar a educação formal, mas era no trabalho da mãe que encontravam com quem brincar.

Escola em Cafeeiros, distrito de Cruzeiro do Oeste-PR (acervo pessoal).

Foi nesse cenário que Adhail se descobriu profissionalmente. Focado no trabalho que preparava a pujança econômica do Estado no setor cafeeiro, envolveu-se também com as pessoas que estavam em volta. Sabia ouvi-las e ajudava-as a resolver questões do dia a dia profissional e da comunidade. Percebeu que seu trabalho ia muito além da engenharia e teria que aproveitar sua posição para ajudar os operários a resolverem os problemas comunitários que não estavam ligados ao trabalho. A semente da vida pública estava germinando. Candidatou-se a uma vaga para a Câmara de Vereadores de Cruzeiro do Oeste pelo Partido Republicano. Conquistou a suplência.

O sucesso da atuação da companhia evitou que a ocupação das terras da região ocorresse por grileiros. Ocupar o norte do Paraná era muito mais que promover a venda de lotes. A Companhia Melhoramentos Norte do Paraná foi a responsável pela execução do projeto de colonização integral: pagamento dos lotes em longo prazo, infraestrutura para instalação dos trabalhadores com suas famílias e ainda condições para o beneficiamento da madeira extraída dos lotes, garantindo a subsistência. Se a companhia foi tão importante para o Paraná, ela fez Adhail perceber que uma ação de estado era complexa, e exigiu dele outros conhecimentos que o curso de engenharia não lhe tinha fornecido. Nascia o economista.

No entanto, a terrível geada de 1955 quase destruiu a cafeicultura paranaense. O *Correio da Manhã*, na edição de 4 de agosto de 1955, publicou: "os prejuízos foram quase totais, [...] a produção cafeeira será muito pequena na próxima safra". O futuro da Companhia Melhoramentos Norte do Paraná ficou incerto. A filha estava com idade de iniciar a escolarização. Adhail relembrou o motivo que levara a família a sair de Guarapuava. Tal qual o pai, Arthur, mudou-se para Curitiba para dar melhores oportunidades de estudo para os filhos.

4
O PROFESSOR

Se não fosse imperador, desejaria ser professor.
Não conheço missão maior e mais nobre que a de dirigir
as inteligências jovens e preparar os homens do futuro.
(D. Pedro II)

O primeiro professor de política e administração pública do Adhail foi o prefeito Rozaldo Leitão. Ali no gabinete, o ainda adolescente começou a ser preparado para um futuro inadmissível naquele momento: cuidar de Curitiba e dos curitibanos. Viu bem de perto o ir e vir dos processos no gabinete. Um pouco mais tarde, na condição de assessor técnico da Companhia de Desenvolvimento do Paraná (Codepar), Adhail, em constante contato com os engenheiros do Instituto de Engenharia do Paraná (IEP), arquitetos do Instituto de Arquitetos do Brasil/PR (IAB) e professores da UFPR que compunham a Comissão de Planejamento de Curitiba (Coplac), viu nascer o Plano Preliminar de Curitiba. A cultura do planejamento alastrava-se e estava definitivamente inserida na administração da cidade com a criação do Instituto de Pesquisa e Planejamento de Curitiba (Ippuc) em 1965. Sua missão? Não só coordenar o planejamento da capital, mas fazê-lo de forma integrada às diretrizes do planejamento regional e estadual.

A convivência com outros profissionais planejadores agregou os conceitos de planejamento urbano de Jorge Wilheim, aplicados no Plano Diretor de Curitiba de 1965 à fundamentação teórica disseminada nas atividades da Comissão Econômica para a América Latina (Cepal).

> "[...] não se compreende urbanismo sem pensar nas relações da vida urbana, portanto, em consciência social, na importância da compreensão do conteúdo humano, e não em esquemas idealizados e com demasiada crença no cientificismo".

Esse contato com professores da UFPR contribuiu para que no Adhail engenheiro e economista despertasse aos poucos o professor. Em 1965 assumiu a disciplina de Geografia Econômica no curso de Ciências Econômicas da Universidade Católica do Paraná. A partir deste momento, foram muitos os alunos que, na sala de aula de Adhail, passaram a estabelecer relações das questões econômicas com a população e, também, a perceber como a administração pública precisava interferir na economia quando a economia gerava ou intensificava problemas sociais. Consequentemente, seus alunos passaram a ver a responsabilidade do cidadão na escolha de seus representantes, uma vez que o professor havia sido eleito vereador de Curitiba.

Em meados dos anos 60, enquanto o Brasil vivia um turbilhão político, o Paraná seguia seu rumo com base nos estudos produzidos pela Codepar. A cultura do planejamento fortalecida passou a caracterizar a administração do Paraná e de Curitiba como coordenada, ordenada e embasada em fundamentos técnicos.

Não tardou para que os professores da UFPR envolvidos no plano de urbanização da capital passassem a ter mais visibilidade, o que favoreceu a consolidação do curso de Arquitetura e Urbanismo da Universidade Federal do Paraná, criado em 1965. Adhail, então engenheiro e economista, passou a integrar o corpo docente do curso, com o objetivo de ampliar a visão dos alunos para além da engenharia e da estética. Buscava sensibilizar os futuros arquitetos e engenheiros para considerarem fundamentos sociais e econômicos na concepção de projetos. Nas exposições que o curso realizava, era divulgado o resultado dos desafios propostos por outros professores, e ali Adhail encontrava farto material para verificar o resultado de suas aulas e fazer suas considerações, todas com o olhar do economista. Mais tarde, já vereador, Adhail trouxe para suas aulas algumas das discussões que aconteciam na Câmara de Vereadores de Curitiba.

De 1967 a 1985, foram muitos os universitários que assistiram a suas aulas. Gostava de estar com eles, entre eles. Não raras foram as ocasiões em que levava a filha aos bailes de estudantes de cursos universitários e, em vez de voltar para casa, ficava no bar conversando com seus alunos. Foram horas tratando dos assuntos que o curto tempo das aulas não permitia em aprofundamento ou esclarecimento de algumas dúvidas. Nestas ocasiões, professor e alunos ficavam mais próximos, a tal ponto que foi ao professor Adhail que pediram socorro quando foram detidos durante os anos do regime militar.

Defender seus alunos trouxe momentos de muita angústia e apreensão para o professor Adhail. Nos dias em que deveria depor no Departamento de Ordem Política e Social (Dops), ficava muito tenso e quieto, planejando cuidadosamente o que dizer, como dizer. Tinha que convencer que aqueles jovens estavam frequentando suas aulas e, portanto, estavam se dedicando aos estudos. Tudo dito com muito cuidado, para não permitir que alguém deturpasse suas palavras e pudesse envolvê-lo em atividades "subversivas". Todos sabiam como pensava. Não simpatizava com o governo militar. Pertencia ao MDB e defendia os postulados da democracia cristã. Bastava um pequeno deslize, e adeus à liberdade. Agia com respeito às autoridades, dentro da ordem e amparado pelas instituições às quais pertencia. Afinal, o vereador era representante do povo. Sua postura nunca o comprometeu, ao contrário, deu a ele a condição necessária para ser o responsável pela disciplina de Estudos de Problemas Brasileiros nos cursos sediados no Centro Politécnico (1974-1978). Posição difícil. Conduzir as aulas focado nos problemas nacionais sem comprometer seu ideário, sem confrontar o regime, sem promover aliciamento dos alunos.

Ao professor muitas outras oportunidades surgiram para divulgar seus conhecimentos de economia, sua experiência na política e no planejamento urbano.

Diploma

O Rotary Club de Curitiba Norte confere ao PROF. ADHAIL SPRENGER PASSOS o presente Diploma de Reconhecimento, pela excelente colaboração prestada às suas atividades, consistente DA PALESTRA "PARTICIPAÇÃO E CONSCIENTIZAÇÃO"

Secretário

Presidente

Palestra realizada para um dos clubes do Rotary Internacional em Curitiba (acervo pessoal).

Sentia-se também, quando possível, no dever de deixar claro que a democracia exigia a participação das pessoas em entidades organizadas e que esses organismos representativos deveriam estar presentes nas diversas classes sociais. Foi convidado a proferir palestras em entidades públicas e privadas, associações de classe e de bairro, clubes de serviço, como Lions e Rotary.

Mas foi na Escola de Pais e no Curso para Noivos que Adhail, fundador e palestrante por alguns anos, orientou muitos casais a conduzirem de forma mais segura a economia da família. Foi um trabalho voluntário que deu a ele muita satisfação, principalmente porque durante as palestras não perdia a oportunidade para contar como havia introduzido em casa, com os filhos, a gestão do dinheiro. Desde pequenos, os filhos passaram a receber a mesada, experimentar o controle dos gastos e até vislumbrar a possibilidade de economizar. Sempre que a mesada não atendia às despesas, os filhos tinham que convencê-lo da necessidade de aumento por meio da apresentação de uma planilha de custos atualizada. Claro que o pai não apresentava o resultado do pedido de imediato. Dizia que analisaria as informações e que mais tarde conversaria sobre o aumento, que teria que caber na disponibilidade de dinheiro dele. Poucos dias depois, vinha informar que a mesada seria aumentada e, muitas vezes, surpreendia com um aumento maior que o esperado.

Além de professor, era um eterno aprendiz. Participou de inúmeras entidades associativas com a finalidade de reunir pessoas interessadas em encontrar formas para a promoção do ser humano. Entre elas, foi fundador e presidente da Associação Difusora de Treinamentos e Projetos Pedagógicos (Aditepp), responsável pela realização de trabalhos de educação popular[9] em bairros periféricos de Curitiba. Adhail foi um dos que agiam impulsionados por Lao Tsé: "Se deres um peixe a um homem faminto, vais alimentá-lo por um dia. Se o ensinares a pescar, vais alimentá-lo toda a vida"[10].

Não foi um homem religioso, mas, ao participar da Associação Inter-Religiosa de Educação (Assintec), aprendeu a respeitar todas as crenças e conviveu com pessoas de diferentes credos. Gostava de estar com quem pensava de forma diversa da dele porque essa convivência o ajudava a melhor entender o outro e a si mesmo. Em certa ocasião em participava de encontros de estudos bíblicos realizados pela Primeira Igreja Batista de Curitiba, ao sair do evento e tão logo se encontrou com a filha, disse: "Descobri hoje que na Bíblia, bem no início do Gênesis, está o princípio da administração, do qual estamos falando tanto: a avaliação no processo. No Gênesis está escrito que, depois de cada dia da criação, Deus avaliava seu trabalho. Via que estava bom, e dava continuidade à criação". Em outro momento, ao ser desafiado a tentar dar sua interpretação para Cristo, colocou no papel o seu modo de ver Aquele que criara os princípios cristãos que professava e pelos quais viveu.

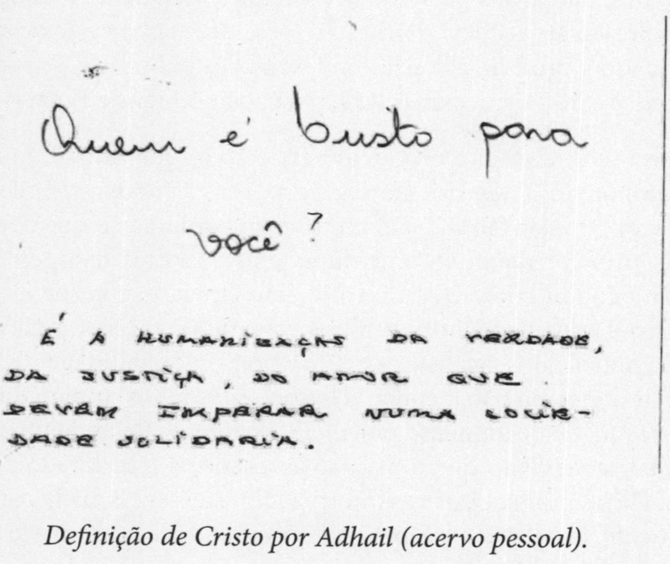

Quem é Cristo para você?

É A HUMANIZAÇÃO DA VERDADE, DA JUSTIÇA, DO AMOR QUE DEVEM IMPERAR NUMA SOCIEDADE SOLIDÁRIA.

Definição de Cristo por Adhail (acervo pessoal).

Era versátil. Tinha a capacidade de adaptar-se e adaptar seus conhecimentos e experiência aos mais diversos públicos. De alunos da educação básica a universitários, de profissionais liberais a religiosos. A todos conseguia transmitir seus pensamentos. Raramente escrevia suas palestras. Preparava seu raciocínio e apenas o registrava em uma folha de papel, às vezes muito pequena. Era o roteiro que seguiria. O raciocínio lógico do engenheiro fazia com que assuntos complexos fossem repassados com clareza. Sem divagar, afirmava que "a realidade material do homem é a comunidade como grupo em que a integração do homem é profunda e corresponde praticamente a um engajamento de vida, a um partilhar de destino comum"; e, logo em seguida, exemplificava citando a oportunidade que teve de, com os demais moradores do Capanema, fundar associação do bairro com o objetivo de buscar pavimentação, iluminação e esgoto no bairro. A prefeitura custearia parte das obras. A associação organizou uma forma de pagamento que coubesse no orçamento de todas as famílias. Isto é, a efetiva ação comunitária em busca do bem comum, agregada ao poder público, atuando em parceria com os munícipes.

Em seu currículo, listou até 1985 as ocasiões em que fora convidado a externar seus pensamentos sobre economia, administração, política, sociologia, civismo, meio ambiente, urbanismo... Foram muitas. E, em cada uma das oportunidades, era um orador que falava com sentimento, empolgava-se durante a exposição.

O reconhecimento pelo seu trabalho e dedicação voluntária veio de muitos. Uma quantidade grande de placas de prata e certificados de agradecimento. A imprensa, que, por todo o tempo em que fora vereador, deputado, vice-prefeito e gestor público, disponibilizou espaço para noticiar sua atuação como homem público, e conferiu a Adhail o título de vereador do ano por três vezes.

---

[9] "A educação popular é um método de educação que valoriza os saberes prévios do povo e suas realidades culturais na construção de novos saberes. Está implicada com o desenvolvimento de um olhar crítico, que facilita o desenvolvimento da comunidade que o educando está inserido, pois estimula o diálogo e participação comunitária, possibilitando uma melhor leitura de realidade social, política e econômica.

[10] Frase que promove o ensino religioso, o diálogo inter-religioso e o respeito às diferenças culturais e religiosas. Sua gênese remonta ao movimento ecumênico de Curitiba.

DIÁRIO POPULAR

VEREADOR DO ANO
(CURITIBA)
Adhail Sprenguer Passos

Anos
73
74
75

Dentro do critério de escolha pelo voto dos jornalistas, o vereador Adhail Sprenguer Passos foi considerado o VEREADOR DO ANO, posição que, sem favor, é o destaque especial pelo trabalho que realizou em 1975.

Professor universitário, bom orador, vereador dedicado a seu eleitorado e a sua cidade, teve um trabalho de vigilância dificultado pela exiguidade de sua bancada na Camara, onde a atuação da oposição, pelo numero de vereadores, se tornaria insignificante, se os membros do MDB não se empenhassem a fundo para conseguir fazer com que suas vozes fossem ouvidas.

Realmente, Adhail, ao ganhar a preferencia da imprensa política, teve somados aos seus méritos de homem inteligente e de formação universitária, a sua atuação serena, tranquila porem ineflexivel em favor do povo de Curitiba.

Vereador do ano (Diário Popular, dezembro de 1975).

Foi também o jornal Diário Popular que registrou a homenagem que recebera da União dos Escoteiros do Brasil pelos serviços prestados ao escotismo no Paraná.

> A União dos Escoteiros do Brasil (regional do Paraná) prestou, anteontem, à noite, uma homenagem especial a dois de seus integrantes: ao vice-prefeito de Curitiba, deputado Adhail Sprenger Passos; e ao reitor eleito da Universidade Federal do Paraná, professor Riad Salamuni. [...] respectivamente, presidente e vice-presidente do Conselho Regional da UEB do Paraná. O vice-prefeito testemunhou que tem mais tempo de escotismo do que de vida pública. Há 25 anos faz parte da UEB, passando por vários órgãos do Grupo Escoteiro São Luiz de Gonzaga e do próprio Conselho Regional, do qual é hoje presidente. Para Adhail, o escotismo "é um instrumento para a formação da personalidade do jovem". (*Correio de Notícias*, 9 mar. 1986).

> O deputado Estadual foi eleito ontem o presidente do Conselho Regional da União dos Escoteiros do Brasil – seção do Paraná. [...] Nessa reunião, além de outros assuntos, os escoteiros decidiram aprovar a realização em Curitiba, na última semana de agosto de 84, a XIV Conferência Interamericana de Escotismo. (*Tribuna do Paraná*, 21 mar. 1983).

Reunião do Conselho Regional de Escotismo e visita do presidente José Sarney ao Acampamento Regional do Paraná (acervo pessoal).

Mas foram seus alunos que com mais frequência reconheceram sua dedicação e demonstraram esse sentimento quando o escolhiam para paraninfo ou professor homenageado. Um deles, Waldir D'Angelis, foi além dos demais. Na condição de vereador de Curitiba, propôs o título de Cidadão Honorário de Curitiba ao seu professor Adhail. Proposta aprovada por todos os vereadores. Conforme o protocolo, depois que o vereador propositor do título apresentara o projeto de lei, cada vereador, antes de declarar o voto, deveria justificá-lo. E foi assim que os presentes se pronunciaram naquele dia.

> [...] um dos políticos mais brilhantes de nossa cidade e talvez do Estado. Principalmente pela profundidade com que debatia nesta Casa, como vereador, os problemas mais importantes da cidade e também pela seriedade com que sempre encarou a vida política. Mas há um aspecto que ressalta aos, com relação ao Deputado Adhail Sprenger Passos, é a sua vida pautada dentro da honestidade a toa prova, de tal forma que é um dos homens políticos

de nossa cidade, a qual todos nós, independentemente de sigla partidária, devemos ter o respeito. (Jefferson Wanderley).

Adhail sempre votou a favor do interesse da população. *(Horácio Rodrigues).*

[...] trata-se de um grande político, um homem de posição, político atuante e que costuma jogar aberto, quando tem coisas para falar, fala de frente. *(Aziz Domingos).*

[...] ele é merecedor e com grande satisfação posso antecipar que terá meu total apoio. *(Luiz Gil Leão).*

[...] é um grande administrador, é um grande homem público, principalmente dentro de uma honestidade a toda prova, e confesso que nos oito anos que convivi como vereador juntamente com esse vereador, aprendi muito nesta Casa. *(José Gorski).*

[...] a iniciativa retrata uma opinião, podemos dizer, quase unânime desta Casa de funcionários, que em contato pessoal nos manifestaram a grandiosidade, o trabalho magnífico do Deputado Adhail Sprenger Passos quando passou por esta Casa. *(Luiz Carlos Betenheuser).*

[...] é uma retribuição do povo curitibano por tudo o que Adhail Sprenger Passos fez pela cidade. Adhail é merecedor desse título, e muito mais, porque ele tem se preocupado com todos os setores, não só de Curitiba como de todo nosso Estado. *(Carvalho Chaves).*

[...] nós convivemos com Adhail Sprenger Passos durante vários anos nesta Câmara e pudemos observar os brilhantes trabalhos desenvolvidos por Adhail Sprenger Passos, que era um defensor ferrenho da cidade, defensor ferrenho do seu povo, com muita garra, portanto, ele é um parlamentar digno, um parlamentar honesto [...] pode-se dizer que é um dos parlamentares mais honestos que nós temos, não só em Curitiba, mas no Paraná, e um grande orador e um grande engenheiro. *(João Gabriel).*

[...] curriculum magnífico, vasto, falando das suas qualidades, que, além de engenheiro, além de grande vereador, além de inúmeras qualidades, ele é diretor regional de um grupo escoteiro aqui no Paraná, da executiva regional. *(Rosa Maria Chiamulera).*

[...] nós estamos fazendo muito mais que uma obrigação histórica para aquele que defendeu a cidade intransigentemente e em todos os sentidos. Eu considero Adhail Sprenger Passos padrinho político que tenho [...] foi quem me filiou no PMDB e me sinto muito honrada em poder dar o meu testemunho e a minha contribuição para que a cidade de Curitiba homenageie esse curitibano. *(Marlene Zanin).*

Adhail Sprenger Passos é merecedor desse título por certo e com unanimidade de votos da Câmara Municipal de Curitiba, pelo trabalho que apresentou nesses anos que aqui esteve e pelo trabalho que apresenta atualmente na Assembleia Legislativa do Estado [Alep]. E dizer que Adhail Sprenger Passos é um homem que dignifica a classe política, é um homem de elevado espírito público. *(Neivo Baraldin).*

[...] esse nosso grande companheiro, que fez do seu mandato e da sua vida pública e o seu mandato na Câmara Municipal de Curitiba, a grande bandeira do PMDB, constituindo-se num dos grandes soldados da democracia que nós começamos a viver neste país. *(Alípio Leal).*

Eu me recordo que em 1968, ao ser entrevistado por uma das emissoras de televisão, perguntaram-me na ocasião "se eu não fosse candidato, para quem eu votaria para vereador". Eu respondi que, apesar de não pertencer ao meu Partido, eu votaria em Adhail Sprenger Passos porque eu conhecia seu caráter, seu trabalho. *(João Derosso).*

Esta figura brilhante, companheiro, amigo nosso, essa figura que nós tanto admiramos tem o meu voto. *(Algaci Tulio)*[11].

E, concluída a votação, o vereador Valdir encerrou o trâmite afirmando: "Adhail sintetiza a figura máxima do exemplo de homem público em nosso estado".

No dia 24 de outubro de 1985, data da solenidade em que foi entregue a Adhail Sprenger Passos a cidadania de Curitiba, o vereador Valdir D`Angelis iniciou a apresentação do homenageado lembrando-se de seu professor ao iniciar sua aula.

"Entrou na sala pela primeira vez, nada havia em seu porte que despertasse atenção. Sentou-se. Fez a chamada. Lentamente chamou um a um, preocupado em saber identificar cada um pelo seu respectivo nome. A disciplina: Problemas Brasileiros. [...] Começava falando baixinho, em tom paternal. Em poucos minutos, porém, sua fisionomia se transformava. Os problemas brasileiros eram seus também. Sua voz se tornava firme. Seu tom

[11] Transcrição dos anais da Câmara Municipal de Curitiba.

> era quase de indignação quando descrevia a dura realidade de nossa gente. Aos poucos participávamos e começávamos a nos interessar pelas coisas nacionais. No final do ano, a vibração não era mais só dele. Quase todos discutíamos como cidadãos engajados e preocupados como o nosso País. [...] Ele, a encarnação da possibilidade do político sério. Um professor que era vereador e fazia da vereança a arte de esculpir uma nova realidade". *(Valdir D`Angelis)*

Muitos outros alunos demonstraram apreço por Adhail cada vez que era escolhido paraninfo e patrono das turmas das quais tinha sido professor. Sempre se sentiu honrado por ter sido escolhido e, com carinho, na cerimônia de formatura da turma do primeiro semestre de 1983 da Faculdade Católica de Administração e Economia (FAE), finalizou sua última orientação aos formandos dizendo:

> "Nesses documentos está o pensamento social que devemos seguir. Nesses documentos estão expostos conceitos de natureza econômica que devem nortear o ensino da economia em nossa Faculdade Católica de Administração de Economia e, também, nortear o exercício profissional dos economistas formados pela mesma escola.
>
> Apenas um exemplo. O conceito de trabalho, que para a filosofia liberal individualista, e, também para a filosofia marxista, possui tão somente valor econômico administrado pelos detentores do capital financeiro, os capitalistas num caso, e o próprio Estado no outro.
>
> Para a filosofia cristã, no entanto, o Trabalho possui, além do importante valor econômico, um valor muito mais importante, que é o valor pessoal. E, por isso, na organização econômica que devemos defender, proclamar, difundir, o trabalho deve ter primazia sobre o capital.
>
> Façam da Economia não um fim em si mesmo. Façam-na um meio, um instrumento a serviço do ser humano, de modo a que o TER seja condicionado ao SER. Ter mais, sim, mas na medida necessária para SER mais. Façam-na de modo a valorizar e dignificar a pessoa humana, para que a vida de cada um e de todos seja digna de ser vivida.
>
> Aos formandos, um mundo de realização pessoal e profissional, um mundo de felicidades". *(Discurso proferido na formatura da turma de Economia de 1983 - FAE)*

Título de cidadão honorário de Curitiba, recebido em 24 de setembro de 1985.

5
anos nada dourados

Pensar é fácil. Agir é difícil.
Agir conforme o que pensamos é
de todas a maior dificuldade.
(Johann Goethe)

Ninguém passou incólume pelos anos do governo militar. Economicamente, para o Brasil, não foram anos de glória. O país seguiu seu ritmo sem milagre econômico, mas conforme o que a situação política permitia. No entanto, no período, houve melhoria e expansão da malha rodoviária, da rede elétrica e do sistema de telefonia: a infraestrutura necessária para um possível avanço econômico do país. As críticas ao regime militar, de um modo geral, recaíam sobre a agressividade utilizada na repressão àqueles que defendiam a liberdade de expressão. Foram anos difíceis para os que eram denominados de subversivos pelos militares. Na grande maioria, universitários e professores, jornalistas. A eles se juntaram os artistas que emprestaram sua criatividade para, por meio da música, de filmes nacionais e do teatro, transmitir o descontentamento com a situação de repressão. Não demorou muito para que estas formas de expressão também passassem a sofrer restrições, e, para serem apresentadas ao público, tinham que se submeter ao crivo dos militares. Os brasileiros estavam cada vez mais se defrontando com o cerceamento da liberdade de expressão. Jornalistas, poetas, artistas e críticos sociais tiveram que ser extremamente cautelosos nos seus escritos. E não foram poucos os que se exilaram em outros países para garantir a vida.

Todos eram observados e, entre eles, um dos amigos do Adhail, José Lamartine Corrêa Lyra (1933-1987), professor do curso de Direito da UFPR. Lamartine, usando sua habilidade com a língua portuguesa, no seu discurso proferido durante a cerimônia de formatura de uma de suas turmas de Direito, que o tinha escolhido como paraninfo, explicou o significado da palavra "subverter". Amparando-se nos dicionários, afirmou que "subverter" significava colocar o que estava embaixo para cima. Com essa afirmação, declarou-se subversivo, porque estávamos vivenciando um período em que a democracia e a liberdade não estavam sendo atendidas enquanto princípios constitucionais, e precisavam voltar a ocupar o primeiríssimo lugar nas prioridades nacionais.

Foi necessário criatividade, inteligência e perspicácia para que a voz dos brasileiros não fosse totalmente calada. Uma estrutura democrática artificial, com apenas dois partidos, foi montada. Em 1965, o Ato Institucional n. 2 extinguiu todos os partidos políticos existentes e criou apenas o suficiente para caracterizar um Estado democrático no Brasil. Foram dois, com programas predeterminados: a Aliança Renovadora Nacional (Arena), a favor do governo, e o Movimento Democrático Brasileiro (MDB), oposição ao governo[12].

[12] Do MDB aou PMDB: história de resistência à ditadura de proximidade com poder. Acervo O Globo, 29 de março de 2016.

Um a um, os eleitos foram se acomodando nesses dois partidos. Adhail, embora tendo sido convidado para ingressar na Arena, optou pelo MDB, partido que lhe daria a possibilidade de continuar sua atividade política segundo os princípios da democracia cristã, que havia muito defendia. Tinha consciência de que naquele momento seria mais difícil, pois, em Brasília, quando ocupava o cargo de diretor técnico do Instituto Nacional de Imigração e Colonização (Inic)[13], havia sido declarado integralista e comunista no plenário da Câmara Federal.

A repressão militar intensificava-se. Os integrantes do MDB foram alvo de constante vigilância militar. O deputado Walter Pecoit foi preso, torturado e teve seu mandato cassado. E, na sala de aula, Adhail ficava indignado ao saber que estudantes estavam sendo presos, alguns deles seus alunos. Amigos integrantes de grupos como a Aditep — associação voltada ao estudo e à pesquisa com foco social e democrático, da qual Adhail participava — também foram vítimas das atrocidades do governo militar.

Em 1968, justamente quando a política brasileira atravessava um momento delicado, Adhail fora procurado por um integrante do MDB, que o convidou a ser candidato a vereador. Não tinha intenção de ser vereador na conjuntura política que se desenhava diante dos olhos de todos os brasileiros. No entanto, lembrou-se da candidatura a vereador de Cruzeiro do Oeste e dos motivos que o levaram a disputar aquela eleição. Dez anos depois, aqueles motivos pareciam mais intensos, só mudaram de endereço. Aceitou. Foi eleito com a maior votação do MDB.

A campanha foi memorável. De militante desconhecido, passou a vereador com grande representatividade. Esse resultado se deveu ao apoio de amigos e da família. Campanha caseira, sem contratações. A propaganda chegava ao eleitor pelo correio em um envelope contendo a biografia e alguns santinhos. Tudo carinhosamente inserido nos envelopes pelos familiares na casa do irmão Adhemaro. Irmãos, filhos, sobrinhos e alguns amigos atravessavam as noites de sexta-feira e sábado trabalhando com afinco no preparo da mala direta. Enquanto os envelopes iam sendo preparados, a equipe lembrava momentos da infância dos familiares mais jovens e acontecimentos engraçados da campanha.

---

[13] Adhail foi indicado pelo governador Ney Braga (1961-1964) para ocupar o cargo de diretor técnico do Inic. Ao informar ao presidente sobre as irregularidades que vinham ocorrendo no instituto, os desgostosos do fato acusaram-no de integralista e comunista.

A esposa, Judith, atuou de outra forma. Era inspetora de Educação Física da Delegacia Regional do Ministério de Educação (MEC). Seu trabalho consistia em verificar se os professores de Educação Física do ginásio e do científico estavam registrando peso e altura dos alunos, cumprindo o currículo ou se precisavam de materiais para as aulas[14]. Conhecia muita gente e, diante de pessoas descrentes com a política, falava da importância das eleições e oferecia o nome do marido como alternativa. Com o apoio de amigos, família e seu perfil pessoal e profissional, o resultado das eleições não podia ter sido diferente. O mais votado do MDB.

Os sete vereadores da oposição da sexta legislatura (1969-1972) não tiveram vida glamurosa. Nos primeiros anos, o MDB foi considerado oposição tolerada porque, de certa forma, sua existência dava legitimidade ao sistema controlado pelos militares. O grupo de vereadores do MDB e o partido foram valentes e persistentes. Foi uma luta hercúlea para vencer os privilégios que a Arena recebia do governo e na preferência por terem seus feitos veiculados pelas mídias. Os vereadores integrantes da Arena que demostravam constante subserviência aos ditames do Executivo indignavam Adhail, pois impediam que suas propostas de melhoria fossem minimamente consideradas pela maioria arenista. Por outro lado, os meios de comunicação, como autodefesa, davam preferência à veiculação dos atos governamentais em detrimento da visibilidade da atuação do MDB. Ao MDB, o espaço disponível era o mínimo e, ainda, para assuntos nada relacionados com os grandes propósitos do partido e nacionais. Naquela conjuntura, o vereador Adhail conseguiu algum espaço na mídia porque, com cuidado, emitia suas opiniões por meio de pareceres técnicos, deixando que a visibilidade de sua posição política estivesse sempre atrelada ao partido. Como vereador, precisava se preservar para continuar a luta pelo bem comum dos curitibanos.

Tal qual Lamartine, Adhail usava de perspicácia para agir dentro das regras do regime de exceção, evitando confrontos para ter a possibilidade de dar continuidade à resistência e dar continuidade a ações voltadas ao restabelecimento da democracia. Esse comportamento é definido por Mario Sergio Cortella e Paulo Jebaili como "ainda dá", "uma atitude que necessita ser ancorada na realidade e não apenas em um desejo. Almejar algo implica ter motivação, mas sem prescindir do preparo, do planejamento e da competência na execução"[15].

---

[14] Nota da autora. Judith Eunice Egg Passos foi inspetora de Ensino da Delegacia Regional do MEC, entidade responsável pelo acompanhamento do ensino em dois níveis da educação básica: ginásio (hoje, Fundamental II) e colegial.

[15] CORTELLA, Mario Sergio; JEBAILI, Paulo. Ainda dá: a força da persistência. São Paulo: Planeta do Brasil, 2019. p. 69.

6
O PARLAMENTAR

Só uma coisa não está representada no legislativo: a nação como um todo. Apenas vozes isoladas se põem ao lado do conjunto da nação.
(Ludwig von Mises)

A voz de Adhail na Câmara de Vereadores de Curitiba e na Assembleia Legislativa do Paraná, em muitas ocasiões, esteve relacionada a grandes questões que, décadas mais tarde, seriam consideradas como preocupações emergenciais dos curitibanos e dos paranaenses. Falta de água, preservação do meio ambiente, atendimento às pessoas com deficiência, corrupção no uso do dinheiro público, saúde... Pode-se dizer que Adhail foi um precursor? Um visionário? Talvez. Adhail parlamentar é resultado da formação vinda da família e de todos os momentos de estudo que aconteceram na escola, na universidade, em palestras e reuniões, fazendo dele um político e parlamentar desejoso de melhorar o bem-estar de todos. As tribunas da Câmara de Vereadores de Curitiba e da Assembleia Legislativa do Paraná serviram para que Adhail agisse impulsionado pelo significado do próprio nome: "aquele que mostra o caminho, guia, sentinela avançada, uma pessoa que é capaz de ajudar as outras porque confia muito em si própria"[16]. Foi parlamentar muito combativo, que pareceu estar sempre participando de um eterno cabo de guerra com outras formas de pensar de alguns parlamentares e da administração pública. Tentou proteger de todas as formas a comunidade como um todo.

A leitura voraz dos jornais de Curitiba e de outros lugares fazia dele um parlamentar atualizado e capaz de trazer concretude aos seus pronunciamentos. Cada vez que ocupava a tribuna, era possível entrever o professor, a ponto de transformar estes momentos em verdadeira aula de economia, contabilidade, legislação, direitos humanos, política, cidadania.

> Professor catedrático, administrador, vereador e político, Adhail Sprenger Passos dentro do PMDB, teve importante função na área política municipal. Graças a um trabalho que realizou, conseguiu se projetar na esfera maior, ganhando uma cadeira na Assembleia Legislativa. Inteligente, teve participação direta no sucesso político do seu partido, ganhando por isso a condição de "Político do Ano de 1982". (*Diário Popular,* 19 dez. 1982).

Adhail sempre foi fiel ao MDB e ao PMDB. Definiu-se como correligionário independente, mas extremamente fiel aos princípios do partido e ao compromisso assumido nas cerimônias de posse de cada legislatura. Com isso queria dizer que suas críticas e proposições eram feitas após análises técnicas com

---

[16] Dicionario de Nomes Próprios.

base na sua formação profissional, voltadas aos interesses dos curitibanos, dos paranaenses e segundo os ideais democráticos. Sempre afirmou que seria parlamentar dos professores e dos funcionários públicos, dos engenheiros, dos economistas e de todas as reivindicações afinadas com o interesse do bem comum. Representaria cada um dos moradores de Curitiba e do Paraná, sem nenhuma distinção. Todos tinham acesso ao parlamentar, e as reivindicações, se justificáveis para todos, eram prontamente abraçadas por ele. Tentativas para fazer de Adhail um parlamentar representante de grupos com interesses de poucos e prejudiciais às necessidades da comunidade foram algumas, e tiveram grande repercussão.

A primeira mexeu com os brios do parlamentar coxa roxo. Quando esteve na pauta da Câmara o projeto de lei da cessão de terreno para a construção do Pinheirão, Adhail não foi contra a proposta, mas questionou a localização do terreno proposto pela prefeitura. Considerou-o inapropriado. Imediatamente o acusaram de estar defendendo os interesses do Coritiba Foot Ball Club, que, na época, possuía o maior estádio de futebol do Paraná. Fecharam os ouvidos às justificativas apresentadas pelo vereador por este ser do conselho do Coritiba. Adhail havia afirmado que a proximidade com o Jockey Club do Paraná e do Ginásio de Esportes Prof. Almir de Almeida, outros dois lugares destinados a eventos desportivos, traria problemas de tráfego quando houvesse dois eventos simultâneos.

Como sempre, ao discordar de uma proposta de planejamento urbano, apresentava uma alternativa buscada junto aos técnicos do Ippuc. Adhail, o porta-voz do resultado dos estudos do Ippuc, claramente afirmou que os estudos apontavam uma melhor opção para a construção do estádio: o terreno no Atuba, exatamente na confluência da BR-116 com a Rua Monteiro Tourinho e a Avenida Marechal Mascarenhas de Morais, com infraestrutura viária pronta, foi ignorado. Não ouviram também que o terreno dava condições para a construção de um estádio poliesportivo, e não um simples estádio de futebol. Adhail estava projetando Curitiba como sede de eventos internacionais e prevendo o crescimento do desporto como um todo. Na época nem se cogitava a possibilidade da realização no Brasil de uma Copa do Mundo de Futebol, e muito menos de uma Olimpíada. A oportunidade passou. O local hoje abriga um condomínio residencial. Curitiba, com rejeição da proposta do Ippuc defendida por Adhail, é ainda uma cidade com dificuldade para a realização de eventos desportivos com padrão internacional.

Em outra oportunidade, tentaram qualificar como nepotismo a escolha de Artur Oscar Kruger Passos, irmão de Adhail, para a diretoria da Associação dos Portos de Paranaguá e Antonina (Appa). Comportamento inconcebível, uma vez que Adhail sempre foi contra o nepotismo, indicação de parentes e amigos para cargos públicos. Defendeu-se pela imprensa.

> No intuito de esclarecer afirmo que, em nenhum momento, tive participação no episódio referido. Meu irmão, Arthur Oscar Kruger Passos, foi indicado por segmentos da comunidade de Paranaguá, cidade onde ele exerce, por muitos anos, a sua profissão como advogado de empresas usuárias do Porto e onde desempenha atividades comunitárias, como, por exemplo, na Santa Casa de Misericórdia de Paranaguá, estando, portanto, perfeitamente integrado na sociedade parnanguara. (*Correio de Notícias*, 23 jul. 1984).

Logo em seguida, Adhail foi convidado para proferir uma palestra aos universitários de Paranaguá. Não demorou para ser acusado de invasão do reduto eleitoral de Nestor Batista. Neste caso, seu colega não levou em consideração que Adhail ocupava a presidência da Comissão Permanente de Educação da Alep. Ali esteve como a maior autoridade em Educação da Alep e, também, como interlocutor do Estado junto aos estudantes em greve. Era a pessoa certa para ali tentar o entendimento e pôr fim à greve.

Aos poucos Adhail demonstrou que seria realmente um parlamentar independente, e, no entender dele, isto significava dar apoio ou criticar propostas que pudesse melhorar ou defender, sem distinção de partido ou de propositor. Servir a comunidade como um todo era seu objetivo. Adhail não foi parlamentar figurante, ao contrário, foi muito participativo. Se Adhail não influiu na escolha do irmão para a diretoria da Appa, também esteve distante do processo de escolha do nome de sua esposa, Judith Eunice Egg Passos, para a academia de ginástica do Parque Barigui. O então prefeito, Roberto Requião, conversou com Adhail sobre o assunto, e Adhail sentiu-se incomodado em ter o nome da esposa para a academia. Muitos poderiam considerar uma escolha de caráter pessoal, e não uma homenagem à esposa pelos serviços prestados à comunidade. Sugeriu que fosse feita uma consulta junto aos professores do curso de Educação Física da UFPR, antiga Escola de Educação Física do Paraná, onde Judith, como aluna da primeira turma da escola, concluiu o curso com as melhores notas. Judith foi uma aguerrida defensora da Educação Física e, na Delegacia Regional do MEC em Curitiba, foi responsável por inspecionar a atuação dos professores da disciplina de Educação Física nas escolas públicas e privadas de Curitiba. Judith ainda foi integrante da equipe que coordenou as primeiras edições do Festival Folclórico do Paraná, na época uma realização resultante de uma parceria entre o Governo do Estado do Paraná e a Delegacia Regional do Ministério de Educação e Cultura. Diferentemente dos festivais de hoje, o festival encerrava-se no sábado à tarde com a apresentação de danças folclóricas brasileiras por alunos das escolas públicas, momento e responsabilidade total de Judith. Além desta atividade, Judith organizou, por muitos anos, as colônias de férias realizadas no Colégio Estadual do Paraná, momento em que eram ofertadas inúmeras atividades de lazer a centenas de crianças e que levava seus alunos a cumprirem um dos requisitos do currículo de curso de Educação Física: o estágio.

Academia Judith Passos no Parque Barigui (acervo pessoal).

Adhail dizia-se independente, não atrelado a grupos ou a serviço de interesses que trouxessem benefício notadamente de interesse particular. Ele foi capaz de ir até contra si mesmo por ocasião da assinatura de um documento antitabagismo (Lei 6.167/1980). Assumiu o vício e demonstrou que tinha consciência do seu mau hábito.

> Usando a tribuna, Adhail Sprenger Passos disse que assinava o documento (contra o fumo) apesar de ser fumante, ao mesmo tempo em que reafirmou sua posição contra a isenção de impostos para a fábrica de cigarros na Cidade Industrial. (*Diário do Paraná*, 27 ago. 1980).

De igual forma, Adhail não levou em conta seu modo de pensar quando foi discutida na Câmara a lei contra o aborto. Sua decisão foi tomada porque a lei precisa atender o modo de pensar de todos, principalmente nesta questão, diante da diversidade de princípios religiosos e sociais presentes na sociedade curitibana. Seu voto atendeu o princípio do livre arbítrio.

> Considerando a questão eminentemente de responsabilidade do casal, movido por seus princípios éticos e religiosos, o vereador, apesar de não condenar aqueles que praticam o aborto, manifesta-se Adhail Sprenger Passos contrário, sob o ponto de vista pessoal. (*Diário do Paraná*, 4 set. 1980).

O ideal de servir presente na personalidade do Adhail, tão importante para um parlamentar, teve sua primeira demonstração em Cafeeiros, quando os funcionários da empresa em que trabalhava, Companhia Melhoramentos Norte do Paraná, procuravam-no para tratar de assuntos não relacionados ao trabalho e que exigiam participação da Prefeitura de Cruzeiro do Oeste. Sentiu-se sem o poder de resolver tais questões, candidatou-se a vereador para ser porta-voz dos moradores de Cafeeiros na Prefeitura de Cruzeiro do Oeste. Não se elegeu. Mais tarde, já em Curitiba, participou do Conselho de Bairro do Capanema, criado para solucionar problemas urbanísticos que vinham incomodando o bairro[17]. Mas o fortalecimento do servir veio de uma longa convivência com o

---

[17] A Associação dos Moradores do Capanema foi instituída com a atribuição de representar os moradores do bairro na Prefeitura de Curitiba, em reivindicações de iluminação pública, esgoto e calçamento.

escotismo. Viu a transformação dos seus filhos a partir do momento em que a filha se tornou bandeirante; e o filho, escoteiro. A convivência do pai com os escoteiros logo se transformou em colaboração voluntária na instituição, chegando a ocupar diversos cargos diretivos, alcançando até o mais importante deles no estado.

> O deputado estadual Adhail Sprenger Passos foi eleito ontem o presidente do Conselho Regional da União dos Escoteiros do Brasil – seção Paraná. [...] Os 94 representantes dos 2.780 escoteiros existentes no Paraná escolheram para vice-presidente do Conselho professor da UFPR, Riad Salamuni. (*Tribuna do Paraná*, 21 mar. 1983).

Adhail no parlamento foi incansável. Além de analisar projetos com afinco, apresentou alguns. Sua dedicação foi percebida para além das paredes do parlamento municipal e estadual.

> "Na abertura dos trabalhos na Câmara Municipal, o vereador Adhail Sprenger Passos voltou com total dinamismo às atividades de plenário apresentando diversas proposições. Neste ano o vereador apresentou 145 proposições" (reserva de vagas em concurso público para deficientes físicos, eleições diretas para prefeitos das capitais e municípios de segurança nacional e estâncias hidrominerais, debate amplo e democrático sobre a reforma tributária, contra a aposentadoria exclusivamente por idade). (*Diário Popular*, 9 ago. 1981).
>
> A lista da Primeira Secretaria da Assembleia Legislativa fez o levantamento até o dia 23 deste mês e computou 115 sessões. O recordista de presenças é Adhail Sprenger Passos, com 113 presenças. (*Jornal do Estado*, 29 out. 1986).

Esta dedicação faz entender que o dia a dia do parlamentar foi de muito trabalho. Além de analisar projetos e estar presente nas sessões, o nome de Adhail foi com frequência cogitado para integrar Comissões Permanentes e Comissões Parlamentares de Inquérito (CPIs) e a mesa do parlamento municipal e estadual. Logo que se elegeu deputado estadual, foi indicado para ocupar algumas das funções importantes na legislatura. Ora para presidente da mesa, ora para a liderança do governo. Como havia um burburinho de que a indicação de seu nome para ocupar a presidência da mesa se devia à interferência do Executivo nesta escolha da Alep, Adhail logo não aceitou a indicação. Não se sentiu confortável, mesmo sabendo que não se tratava de interferência. Preferiu a presidência da Comissão Permanente da Educação e concordou em ocupar a vice-liderança do governo. Acabou com o burburinho que pairava no ar e pôde dar atenção à Fundação Pedroso Horta, que vinha exigindo do parlamentar[18].

> Comenta-se no plenário da Assembleia, entre os deputados do PMDB, que o deputado Adhail Spenger Passos seria o parlamentar indicado para a liderança do governo, pelos seus dotes oratórios, pelo seu poder de persuasão e, sobretudo, pela capacidade de coordenar a documentação que sempre exibe nas suas sustentações da tribuna. É convincente e objetivo. (*Jornal do Estado,* 21 jun. 1983).

De todas as situações delicadas envolvendo Adhail na Assembleia Legislativa, a mais doída foi a CPI da Corrupção que apontou irregularidades na Fundação Educacional do Estado do Paraná (Fundepar)[19]. Logo os fatos passaram a envolver o então presidente da instituição, Guilherme Braga, amigo próximo do deputado. De imediato, José Wanderley Dias, na sua coluna "A vista do meu ponto", demonstrou sua indignação com a possibilidade de que a vida particular, profissional e pública exemplar de Guilherme Braga viesse ser abalada com a divulgação do resultado da CPI. Wanderley, embora considerasse, "mais que direito, obrigação da autoridade o levantamento de eventuais irregularidades, com punição exemplar dos culpados", ressalta na sua coluna na *Gazeta do Povo* que "isto, porém, não se confunde com a dilapidação da honra alheia, com a oficialização da injúria..." Em 5 de outubro, Wanderley Dias publica bilhete por ele endereçado ao deputado Adhail afirmando que os que conhecem Adhail de longa data o têm como "pessoa de bem, sem favor algum". Depois de lembrar os bons momentos em que estiveram juntos e lamentar "o amargo preço pago pela Revolução de 64 àqueles que a desvirtuaram e, em seu nome, cometeram excessos que todos reprovamos e lamentamos", confiam que Adhail "não se prestará ao papel de verdugo de seu companheiro, de carrasco de alguém que sabe ser digno".

---

[18] Fundação Pedroso Horta, órgão de formulação política do PMDB.

[19] A FUNDEPAR foi instituída em 1962 com a finalidade de construir prédios escolares para instituições públicas, fornecer equipamentos para as salas de aula e distribuir a alimentação escolar.

Rápido em sua defesa, Adhail justificou-se por meio de carta a Wanderley Dias.

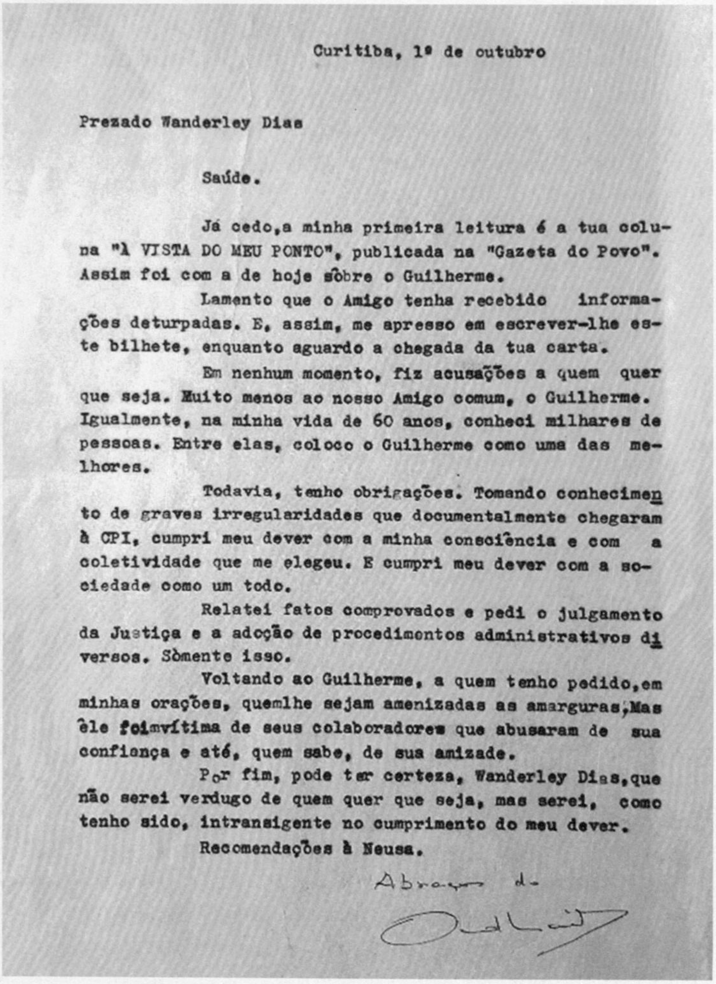

Curitiba, 1º de outubro

Prezado Wanderley Dias

Saúde.

Já cedo,a minha primeira leitura é a tua coluna "À VISTA DO MEU PONTO", publicada na "Gazeta do Povo". Assim foi com a de hoje sôbre o Guilherme.

Lamento que o Amigo tenha recebido informações deturpadas. E, assim, me apresso em escrever-lhe este bilhete, enquanto aguardo a chegada da tua carta.

Em nenhum momento, fiz acusações a quem quer que seja. Muito menos ao nosso Amigo comum, o Guilherme. Igualmente, na minha vida de 60 anos, conheci milhares de pessoas. Entre elas, coloco o Guilherme como uma das melhores.

Todavia, tenho obrigações. Tomando conhecimento de graves irregularidades que documentalmente chegaram à CPI, cumpri meu dever com a minha consciência e com a coletividade que me elegeu. E cumpri meu dever com a sociedade como um todo.

Relatei fatos comprovados e pedi o julgamento da Justiça e a adoção de procedimentos administrativos diversos. Sòmente isso.

Voltando ao Guilherme, a quem tenho pedido,em minhas orações, quemlhe sejam amenizadas as amarguras;Mas êle foimvítima de seus colaboradores que abusaram de sua confiança e até, quem sabe, de sua amizade.

Por fim, pode ter certeza, Wanderley Dias,que não serei verdugo de quem quer que seja, mas serei, como tenho sido, intransigente no cumprimento do meu dever.

Recomendações à Neusa.

Abraços do

Carta a Wanderley Dias (acervo pessoal).

Esta situação desvela não só a importância da imprensa no esclarecimento de fatos, mas também se presta para compreender que o serviço público é das mais importantes atividades de uma comunidade, de uma sociedade ou de uma nação. Não há país, estado ou município que funcione com um quadro de servidores públicos que não estejam imbuídos na realização dos diversos serviços colocados à disposição do cidadão com qualidade, dedicação e principalmente orientados para o bem comum.

Durante os longos anos em que foi vereador, Adhail, tal qual um professor que conduz seus alunos, deve ter deixado seus companheiros de vereança em situação de desconforto causado por um puxãozinho de orelha a quem precisava retomar o rumo. Com o intuito de chamar os Poderes Legislativo e Administrativo municipais para o atendimento aos interesses da população, registrou seu descontentamento mencionando fatos nada compatíveis com a finalidade da casa de leis de Curitiba: busca da melhoria da qualidade de vida dos munícipes.

> Uma crítica do Vereador Adhail Sprenger Passos contra os próprios vereadores que estariam se limitando a tratar de assuntos supérfluos. O edil oposicionista, após tecer comentários sobre imperfeições no projeto de lei que estrutura o quadro de funcionalismo e que foi aprovado ontem, citou alguns assuntos que mereciam estudo por parte da comissão, como "por que só existe jardim ambiental onde a população não precisa, onde tem opções de lazer?" [...] É preciso mostrar ao governo [...] que a casa pode ajudar numa administração municipalista. (*Tribuna do Paraná*, 13 set. 1979).

> [...] a maioria, hoje, na Câmara, é uma maioria que eu posso chamar de silenciosa, pois se omitiu, não participa e apenas se limita a atender as exigências do prefeito. [...] somos surpreendidos com a chegada à Câmara de uma série de mensagens de grande importância para Curitiba, que são aprovadas a toque de caixa. Muitas vezes a aprovação é feita com tanto afogadilho que nem mesmo os arenistas têm condições de ler o projeto. O MDB que é minoria, está marginalizado. Já não se faz sequer consultas à Comissões técnicas, tamanha a pressa exigida para a aprovação. (*Diário do Paraná*, 9 dez. 1975).

Em entrevista ao *Diário do Paraná*, 9 de dezembro de 1975, Adhail, ao comparar a tramitação de projetos na Câmara nas gestões de Jaime Lerner com a de Saul Raiz, ilustra como vereadores podem ser impedidos de exercer suas atividades no plenário.

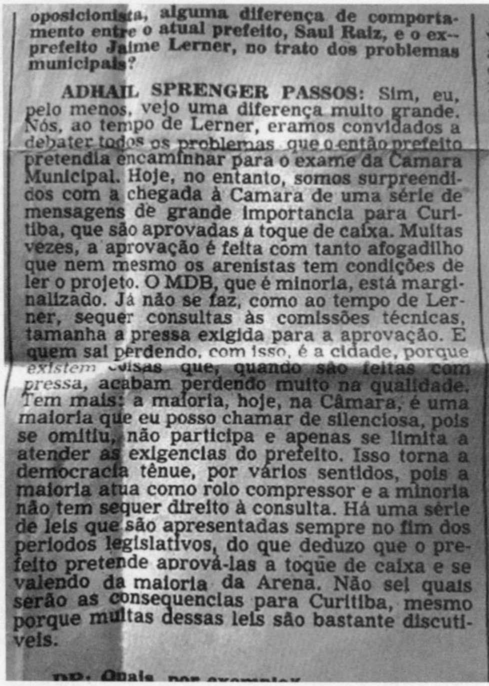
oposicionista, alguma diferença de comportamento entre o atual prefeito, Saul Raiz, e o ex-prefeito Jaime Lerner, no trato dos problemas municipais?

ADHAIL SPRENGER PASSOS: Sim, eu, pelo menos, vejo uma diferença muito grande. Nós, ao tempo de Lerner, eramos convidados a debater todos os problemas que o então prefeito pretendia encaminhar para o exame da Camara Municipal. Hoje, no entanto, somos surpreendidos com a chegada à Camara de uma série de mensagens de grande importancia para Curitiba, que são aprovadas a toque de caixa. Muitas vezes, a aprovação é feita com tanto afogadilho que nem mesmo os arenistas tem condições de ler o projeto. O MDB, que é minoria, está marginalizado. Já não se faz, como ao tempo de Lerner, sequer consultas às comissões técnicas, tamanha a pressa exigida para a aprovação. E quem sai perdendo, com isso, é a cidade, porque existem coisas que, quando são feitas com pressa, acabam perdendo muito na qualidade. Tem mais: a maioria, hoje, na Câmara, é uma maioria que eu posso chamar de silenciosa, pois se omitiu, não participa e apenas se limita a atender as exigencias do prefeito. Isso torna a democracia tênue, por vários sentidos, pois a maioria atua como rolo compressor e a minoria não tem sequer direito à consulta. Há uma série de leis que são apresentadas sempre no fim dos periodos legislativos, do que deduzo que o prefeito pretende aprová-las a toque de caixa e se valendo da maioria da Arena. Não sei quais serão as consequencias para Curitiba, mesmo porque muitas dessas leis são bastante discutiveis.

Dificuldades que vereadores enfrentaram na discussão de projetos. (Acervo pessoal)

Na tribuna, criticou muitos projetos e mostrou-se descontente com fatos em desalinho com os princípios democráticos e cristãos. Mas, longe das sessões, foi companheiro dos demais vereadores e deputados. No gabinete era comum encontrar parlamentares de outros partidos à procura de sugestões na análise de algum projeto. Afinal, ele estava acostumado a compartilhar seus conhecimentos e experiência. Assim, não era de estranhar que muitos se dirigissem a ele chamando-o de "professor".

Foram 16 anos de atividade parlamentar. Registrados nos anais da Câmara Municipal de Curitiba estão 12 anos, e outros 4 nos anais da Assembleia Legislativa do Paraná. Muitos dias vividos com o firme propósito de atuar segundo o compromisso assumido no dia da posse na Câmara de Vereadores de Curitiba e levado por toda a vida parlamentar.

> Prometo cumprir a Constituição da República Federativa do Brasil, a Constituição do Estado do Paraná, a Lei Orgânica do Município de Curitiba e as demais leis, desempenhar com lealdade o mandato que me foi outorgado e promover o bem geral do povo de Curitiba, exercendo com patriotismo as funções de vereadores. *(Juramento de vereador feito no início de cada legislatura)*

A imprensa também registrou como Adhail seguiu o compromisso assumido a cada legislatura. Os artigos e notícias publicados nos jornais, além do relato dos fatos, deixaram transparecer os reflexos dos posicionamentos de Adhail no ambiente político em defesa do cidadão.

Lealdade às leis

Foi na busca do cumprimento do Art. 1º da Constituição brasileira, que caracteriza a República Federativa do Brasil um Estado democrático de direito, que Adhail em muitos momentos se pronunciou. Uma sociedade democrática exige a participação do cidadão não só no fugaz ato de votar, mas também por meio de seu representante no parlamento. O vereador e deputado Adhail foi a voz de seus eleitores e, também, o incentivador da criação de associações em que seus integrantes tivessem interesses comuns, uma representatividade local, fortalecendo reivindicações à administração pública e ao parlamento. Gostaria que todos tivessem a mesma oportunidade que teve na Associação de Bairro do Capanema, momento em que experimentou a força da organização popular na solução de problemas que afetavam os moradores do bairro. Considerava que os acertos da administração pública seriam maiores com a participação do cidadão.

> O Conselho das Associações de Moradores e Amigos de Bairros é formado, pelo que sei, por 25 a 30 associações de favelados, e é composto pelos seus presidentes. [...] O sistema do Conselho é o mesmo, para Adhail, utilizado para a organização das federações patronais. (*Correio de Notícias,* 4 maio 1979).

> Existe a ideia de se tornar a área onde está o Terminal do Portão, na Avenida República Argentina, uma "rua quinze do Portão" [...] o prédio existente – Bloco Oeste – não se adapta ao transporte coletivo. [...] Adhail Sprenger Passos: "é preciso um debate sobre os usos ao imóvel da área do terminal para dar uma destinação adequada ao imóvel". (*O Estado do Paraná*, 12 jun. 1981).

Com este intuito, utilizou-se do partido, o PMDB, para dar suporte à formação democrática do cidadão.

> [...] aconteceu neste dia 29 uma Assembleia Popular na sede do PMDB, sob a presidência do vereador Adhail Sprenger Passos onde foi abordada a questão sobre o aumento das tarifas do Transporte Coletivo. Participaram deste evento, como conferencistas, representantes dos partidos e movimentos populares, coordenados pelo professor Waldir Rocha D'Angelis. (O *Estado do Paraná*, 21 jun. 1981).

No entanto, o democrata ficava irritado quando a prefeitura encaminhava projetos que deveriam ser analisados em regime de urgência, ou em fim de período legislativo. Considerava isso uma forma de cercear a atividade dos vereadores, não lhes dando tempo para estudo aprofundado dos projetos nas comissões parlamentares, uma vez que o regime de urgência dispensa esta etapa da tramitação do processo. Entendia este fato como forma de, na pessoa dos vereadores, não escutar a população. E não aceitava o velado entendimento, por parte da casa, sobre a função do vereador representante do Executivo municipal: impor a vontade do Executivo com tendência a uma administração autoritária.

> A Câmara Municipal só é Câmara Municipal se todos os seus vereadores votarem porque esse poder é formado por 33 vereadores e sobre todos têm direito de dever de opinar e, portanto, não pode um vereador substituir o colegiado [...] o voto dele não é o da Câmara. (*CPI do Ippuc*, 9 maio 1983).

Mas a maior agressão à Constituição na administração pública, segundo Adhail, aconteceu no período em que a Prefeitura de Curitiba passou a governar por decreto. Um resquício do governo militar e ato que denotava pouco apreço às regras democráticas. Nesse período, a força do decreto foi utilizada para que decisões técnicas fossem desconsideradas e para que a Câmara de Vereadores não pudesse externar a vontade da população. Em depoimento na CPI do Ippuc (1983), afirmou que os decretos, quando não utilizados em ocasiões de emergência e inconstitucionalidade, eram contra a democracia e um desprestígio enorme para com o Legislativo.

Como a democracia pressupunha direitos iguais a todos os cidadãos, Adhail utilizou a tribuna para alertar seus companheiros de legislatura sobre a necessidade de que os vereadores se juntassem a ele para que a Câmara como um todo fosse porta-voz de interesses de grupos minoritários. A Câmara teria mais força que um vereador só.

> O vereador Adhail Sprenger Passos fez o seguinte apelo às autoridades. Por diversas vezes tenho me manifestado em apoio à causa indígena, em especial no que se refere à questão das terras do povo Guarani e Kaingang. [...] É com indignação que assistimos o espólio dos povos indígenas no Brasil, quer seja na forma de usurpação de suas terras, quer seja destruindo suas culturas. (*Diário Popular,* 31 ago. 1981).

Encontro para apresentação de reivindicações dos indígenas (acervo pessoal).

> Considero profundamente lamentável que o projeto governamental de um novo estatuto do estrangeiro venha se converter por decurso de prazo após ter sido unanimemente criticado. Isso representa um retrocesso em termos da abertura democrática que ser quer processar no Brasil. [...] Lembrando a sua origem alemã, o vereador Adhail Sprenger Passos salienta a extrema insegurança que o Estatuto ora aprovado confere aos estrangeiros [...] AI-5 dos estrangeiros. Adhail estranha esta preocupação dos estrangeiros alegando-se uma defesa do trabalhador nacional, quando se deixa atuar livremente as multinacionais "que, não se pode negar, sacrifica toda a economia genuinamente brasileira. (*Diário do Paraná*, 8 ago. 1980).

A fidelidade a um partido comprometido com os interesses que buscavam o bem-estar da população requeria de seus integrantes o estado de alerta constante para defender o partido quando acusado de desvio de propósitos. Por essa razão, quando deputado, assim que surgiu um fato que denunciava descumprimento da proposta de governança, Adhail procurou, para tirar o Executivo da posição de "vilão", uma forma de corrigir desinformações dos fatos ou apresentar seus detalhes. A tribuna e a imprensa foram fundamentais para Adhail.

> Rebatendo críticas contra o Governo Estadual, o deputado estadual Adhail Sprenger Passos (PMDB) disse que os 80 dias de administração Richa ainda não foram suficientes para que o Governo mostre a transformação que pretende realizar no Estado. Disse o parlamentar que, no momento, o governo está transformando as diretrizes em programas e projetos. (*Folha de Curitiba*, 14 jun. 1983).
>
> [...] o deputado Adhail Sprenger Passos apresentou, ontem, da tribuna da Assembleia Legislativa, estudo oficial onde confirma a discriminação na distribuição de verbas no período de janeiro a março de 1983, "de exclusiva responsabilidade da gestão anterior" e, no período seguinte, já sob a ação do governo Richa, o documento constata a correção desses desequilíbrios. (*Indústria e Comércio*, 10 maio 1984).

Os princípios presentes na Constituição brasileira fizeram com que Adhail fosse presença constante nos eventos do movimento "Diretas Já", que reivindicava eleições diretas e uma nova Constituição. Não queria perder a oportunidade de colaborar na construção de um Brasil melhor e de divulgar os avanços a serem trazidos por ela.

> [...] o parlamentar participou do último debate sobre a Constituinte, promovido pela Fundação Cultural, no último domingo. Adhail abordou o tema "Educação da Nova Carta". Adhail foi o primeiro a abrir no Paraná o debate sobre a Constituinte. (*Gazeta do Povo*, 18 jun. 1985).

> Os dispositivos aprovados no capítulo que trata da política urbana para a próxima constituição, poderão reduzir o déficit habitacional em Curitiba. [...] Para o urbanista e presidente do IPPUC, Instituto e Planejamento Urbano de Curitiba, Adhail Sprenger Passos, "os dispositivos aprovados na Constituinte, agrupados num capítulo específico para a política urbana, representam um avanço que corresponde à seriedade do assunto e a realidade brasileira, hoje muito mais urbana que rural. [...] uma das mais importantes medidas aprovadas, o que permite o Poder Público exigir do proprietário do solo urbano não edificado ou não utilizado, que promova seu aproveitamento [...] forçando os proprietários a colocarem seus terrenos para cumprir sua função social. (*Folha de Londrina,* 8 maio 1988).

Lealdade às funções do parlamentar

As funções parlamentares não são muitas, mas são tão abrangentes que alteram todos os aspectos da vida do cidadão. Por isso, Adhail, parlamentar leal às responsabilidades advindas do mandato, não teve descanso, pois sempre sentiu a possibilidade de melhorar as propostas dos colegas e do Executivo.

Representante dos curitibanos e paranaenses

Adhail, pela distribuição de seus eleitores, não se caracterizou notadamente representante de um bairro ou município, ou seja, não teve reduto eleitoral claramente definido. Por essa razão, pode-se dizer que a votação recebida conferiu a Adhail a representação de todos os curitibanos e paranaenses. Isto graças à atividade de professor e às inúmeras palestras proferidas que contribuíram para que fosse bem conhecido e merecedor do voto de eleitores de todas as regiões de Curitiba e do Paraná.

Mas como então saber as necessidades dos eleitores espalhados e sem ter reduto eleitoral? Seu gabinete, sempre aberto para visitantes, seu telefone sempre disponível para críticas e reivindicações e, ainda, as reportagens contendo reclamações dos cidadãos veiculadas pelos meios de comunicação foram fonte de informação sobre as necessidades da população. Ao tomar conhecimento de um descontentamento, costumava conferir a situação. Não foram poucas as vezes em que foi pessoalmente verificar problemas urbanísticos que precisavam de atenção do Poder Executivo. Foi assim que representou todos os curitibanos e paranaenses, sem distinção.

> O vereador Adhail Sprenger Passos percorreu diversos bairros de Curitiba, verificando "in loco" os principais problemas que atingem os moradores [...] solicitando do poder público a canalização de águas, limpeza de valetas e terrenos baldios. (*Diário Popular*, 31 ago. 1981).

Adhail Sprenger Passos, que há tempos vem reivindicando a reorganização das ruas João Bettega, no Portão, e Jerônimo Durski, na Campina do Siqueira, acaba de receber comunicação da Prefeitura Municipal, onde o executivo afirma que estudos neste sentido estão sendo realizados, bem como a inclusão das respectivas ruas no projeto Cura.

> "É um absurdo um viaduto daquela largura fechado em duas pistas", em referência ao viaduto do Capanema por ocasião de correções nas cabeceiras das pistas. (*Gazeta do Povo,* 13 fev. 1976).

> Desde 1975, quando apresentou requerimento neste sentido, o vereador Adhail Sprenger Passos vem lutando pela construção de uma passarela para pedestres que ligue o bairro do Capanema com o Cristo Rei por sobre a linha férrea. Recentemente com a construção das canaletas para o ônibus expresso, a locomoção dos pedestres [...] tornou-se impossível. (*Gazeta do Povo*, 22 dez. 1980).

> Quanto aos caminhões pesados que trafegam no Capanema para servir o moinho Anaconda, além do problema de tráfego, causam danos à pavimentação, Adhail Sprenger Passos sugeriu a criação de uma via de acesso paralela à estrada de ferro no sentido de quem sai da cidade. (*Gazeta do Povo,* 24 out. 1979).

Logo que assumiu a cadeira de deputado estadual, Adhail também assumiu para si a tarefa de resgatar uma antiga reivindicação dos paranaenses: a criação do Parque Estadual do Pico Marumbi, na Comarca de Morretes. Foi por seu intermédio que a Assembleia Legislativa retomou o processo. Os 20 anos de luta por um parque, naquele momento, transformaram-se em batalha em prol da preservação do meio ambiente, mais especificamente pela preservação da Mata Atlântica. Com o embasamento técnico dado pelo ambientalista e professor Bigarella[20] e a vontade política do Executivo, a tramitação foi mais célere. Foram ainda necessários outros oito anos para que o Decreto 7.300/1090 entrasse em vigência. A criação do Parque Estadual do Pico Marumbi encerrou uma luta de 30 anos e representa a primeira vitória dos que até hoje consideram as questões ambientais de suma importância para a manutenção da qualidade de vida da população.

Adhail, mesmo em momentos em que seu partido (MDB) era oposição ao governo, colocou-se como colaborador do Executivo estadual e municipal. Ora em busca da melhoria da qualidade dos serviços prestados, ora sugerindo alterações que garantiriam maior benefício à comunidade; e, ao Executivo, denunciando ilegalidade e falha na tramitação de propostas vindas da prefeitura ou do governo do estado. Na tribuna fez reivindicações que poderiam se transformar em propostas do Executivo. Algumas, como as mencionadas no *Diário do Paraná* em 22 de agosto de 1980, são hoje realidade, enquanto outras ficaram no esquecimento.

---

[20] João José Bigarella [Grã-Cruz da Ordem Nacional do Mérito Científico] foi um geólogo, geógrafo, geomorfólogo, engenheiro químico e professor universitário brasileiro. Nos mais de 70 anos de carreira, publicou mais de 200 artigos técnicos e científicos em diversos países, sobre os mais variados temas das Ciências da Terra, principalmente no campo da Geologia.

Pico Marumbi (Foto de Denis Ferreira Netto/Agência Estadual de Notícias).

- A necessidade da construção de um pavilhão para feiras e exposições;
- A necessidade de submeter ao Ippuc o uso da linha férrea que cruza a cidade para transporte de passageiros;
- A tomada de providências no sentido de verificar o uso de técnica inadequada na pavimentação das ruas de Curitiba.

O parlamentar professor cuidou com carinho da Educação. Preocupado com o baixo rendimento escolar, apresentou dois projetos. Ao lembrar que, no Grupo Escolar Hildebrando de Araújo, escola de seus filhos inaugurada em 1957, havia um gabinete dentário para atender os alunos, em 19 de junho de 1979 pediu à Câmara que encaminhasse à prefeitura um ofício sugerindo que se estabelecesse uma parceria entre a prefeitura e a Universidade Federal do Paraná para que estudantes de Odontologia, em regime de estágio, prestassem serviços odontológicos preventivos e curativos nos alunos da rede municipal de ensino. O gabinete dentário da escola continuou sendo parte do passado.

Mas, quando deputado, permaneceu atento à saúde dos pequenos e jovens cidadãos. Desta vez os estudantes das escolas mantidas pelo governo estadual seriam os beneficiados com seu projeto de lei que pretendia obrigar o Estado a medir a acuidade visual dos alunos e tomar as devidas providências para que problemas de visão deixassem de ser uma das causas dos maus resultados de aprendizagem.

Exame de vista nas escolas pode se tornar obrigatório

O deputado Adhail Sprenger Passos (PMDB) apresentou projeto de lei, ontem, na Assembléia Legislativa, tornando obrigatório, na rede estadual de ensino, o exame oftalmológico para medição da acuidade visual do educando.

Adhail lembrou, em sua justificativa, que o Brasil detém índices alarmantes de pessoas com problemas visuais, sendo que os exames preventivos podem detectar a tempo os casos primários, evitando o seu agravamento. "Os exames — de rotina — seriam feitos em cada escola, e os casos com deficiência ou anormalidade seriam encaminhados ao oftalmologista", disse o deputado acrescentando que em outros países, como Estados Unidos, o resultado da pesquisa nas escolas obtiveram tal êxito na redução de doenças oculares que acabou em 1960 tornando obrigatório o exame da visão.

No entanto, Adhail Passos ponderou que a concretização total do objetivo exigirá, "além da colaboração das escolas, a conscientização da família, o que irá assegurar a continuidade do tratamento necessário e garantir o sucesso do empreendimento".

NOVO NOME

Segundo projeto do deputado Adhail Sprenger Passos, a escola estadual Embaixador Lincoln Gordon, situada em Curitiba, passa a ser denominada de Monsenhor Ivo Zanlorenzi, em homenagem aquele que se distinguiu "pela sua brilhante inteligência e vivacidade dialética em suas aulas". O monsenhor faleceu em 08 de dezembro de 1982, vítima de enfarte cardíaco. A referida escola estadual situa-se na rua Eduardo Sprada 1103, Campo Comprido e opera no ensino de 1.º grau e supletivo.

Deputado Adhail Sprenger Passos

Gazeta do Povo, pág. 7, 18 de maio de 1984 (acervo pessoal).

Anos mais tarde, esta ideia foi incorporada pelo Rotary Internacional — Distrito 4.730 —, que, a partir da instituição do programa Boa Visão, passou a realizar o exame de acuidade visual em alunos das escolas públicas, com participação de rotarianos e a colaboração de médicos oftalmologistas, óticas e fabricantes de lentes e armações de óculos. Com essa ação, o Rotary e seus colaboradores puderam resolver problemas de visão de centenas de alunos de escolas públicas de Curitiba.

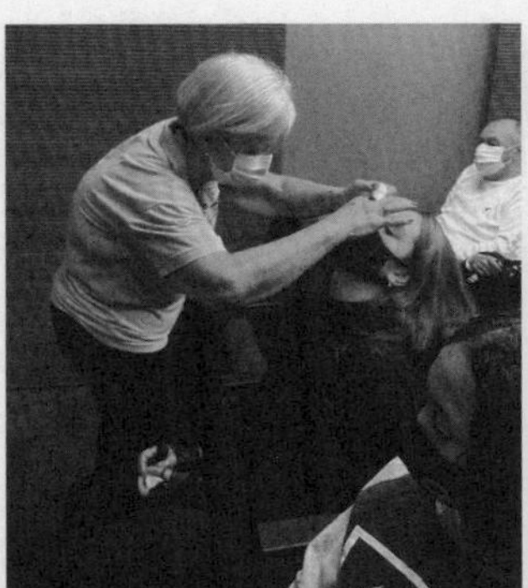

Preparo para o exame oftalmológico.

Equipe de uma das oticas colaboradoras com o Boa Visão (acervo pessoal).

São mais de dez anos realizando o que o deputado Adhail sugeriu ao governo estadual na década de 80. Iniciativa hoje mais que necessária, porque o uso constante de computador e telefone celular está acentuando problemas de visão e sendo uma das causas da falta de rendimento escolar.

Ação Social.
Rotary doa óculos a crianças

Amanhã, 84 crianças recebem gratuitamente óculos do projeto Boa Visão de 2018, que envolveu cinco clubes rotarianos: Rotary Club de Curitiba Cidade Ecológica, Rotary Club de Curitiba Ópera de Arame, Rotary Club de Curitiba Guabirotuba, Rotary Club de Curitiba Cajuru e Rotary Club de Curitiba Sítio Cercado.

O Boa Visão acontece em três momentos ao longo do ano: triagem, consulta e entrega dos óculos. A entrega de amanhã acontece no Instituto de Engenharia do Paraná, na rua Emiliano Perneta, 174, Centro, Curitiba.

METRO CURITIBA

Ação do Rotary registrada no Jornal Metro de Curitiba em 30 de novembro de 2018.

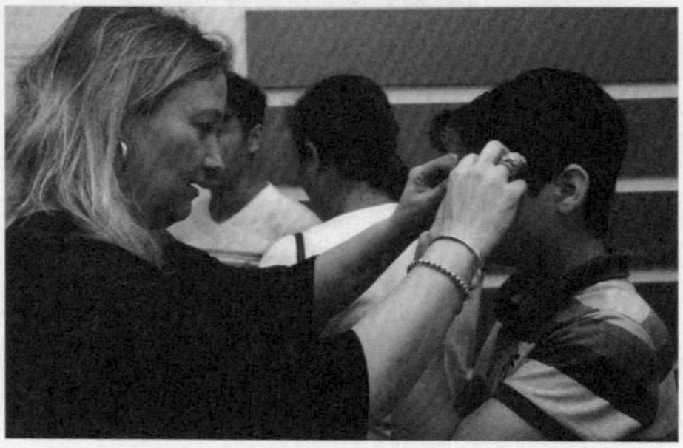

Rotarianos do Distrito 4730 entregam óculos para 84 crianças (acervo pessoal).

Fiscal do executivo

Adhail fiscal foi exigente. Tudo e todos foram alvo de críticas. Todas elas sem cunho pessoal, embasadas em aspectos técnicos e, principalmente, no cumprimento de todos os itens constantes nos compromissos assumidos junto aos eleitores. Adhail fiscalizou mandatários do Poder Executivo, gestores de órgãos públicos e resultado do trabalho de servidores, em especial aqueles ligados ao orçamento, à prestação de contas e ao controle de obras públicas.

Quando o assunto era a Lei de Zoneamento, Adhail demonstrou a importância do planejamento, mostrando-se minucioso e aguerrido, pois uma lei bem elaborada solucionava e minimizava problemas. Interferiu para melhorar. E foi com tristeza que se sentiu derrotado por ocasião em que não concordara com o **coeficiente** de aproveitamento (CA, relação entre a **área construída** e a **área** do terreno) na região do Bigorrilho. Adhail defendia a obrigatoriedade de área livre entre os edifícios para promover melhor circulação do ar. E citava Copacabana. A especulação imobiliária foi mais forte, e hoje a região conta com um paredão de edifícios que diminui a incidência do sol nas residências.

Estava certo. As leis de zoneamento mais recentes contemplam sua reivindicação: evitar uma muralha de edifícios obrigando que haja maior recuo entre edifícios. A Constituição federal de 1988 inovou ao compatibilizar o bem-estar social, a ordem econômica e os interesses individuais do cidadão. Foi por meio do "solo criado" — compra de autorização dada pelo município para construção acima do permitido pelo zoneamento em determinado terreno — que isto foi possível. Os recursos provenientes do solo criado devem ser revertidos pela prefeitura em benefícios sociais, tais como programas para a construção de casas populares. Benefício para todos: casas populares e região central mais arejada por meio de maior espaçamento entre edifícios.

Mas para isso é necessário tempo para os vereadores analisarem cada proposta e possam sugerir outras e melhores soluções.

> Adhail Sprenger Passos disse que acredita que a mensagem tenha muita coisa boa; condenamos o açodamento na tramitação de uma lei". Sobre o pedido de urgência para a tramitação a Lei de Zoneamento de Curitiba. O líder da Arena alegou que "grupos econômicos tiveram conhecimento da lei antes da remessa do projeto a esta casa, com o que teriam feito especulação imobiliária". (*Diário Popular,* 11 mar. 1976).

Os problemas da lei de zoneamento em discussão na Câmara em 1976 foram tantos que os vereadores pediram que fosse instaurada uma CPI, e a anulação foi o melhor desfecho dessa proposição do Executivo. Um momento em que a Câmara foi vigilante.

> Vereadores do MDB pediram CPI para apurar denúncias sobre a nova lei de zoneamento. (*Diário Popular*, 11 mar. 1976).
>
> A anulação da Lei de Zoneamento de Curitiba, para o vereador emedebista Adhail Sprenger Passos, não foi surpresa. Na época de sua aprovação e até recentemente, vínhamos fazendo contínuos alertas sobre as irregularidades que ela contém. Aplicação da legislação sem um amplo debate prévio sobre as modificações

Parede de edifícios no bairro Champagnat, em Curitiba, criticada por Adhail (acervo pessoal).

Edifícios construídos de modo espaçado no bairro Ecoville, em Curitiba, defendido por Adhail (acervo pessoal).

> que ela introduziria foi altamente prejudicial para a maioria, enquanto beneficiou uma minoria; permitiu a especulação imobiliária, sempre através daquelas que tinham conhecimento antecipado das alterações que seriam introduzidas. (*Diário do Paraná*, 26 out. 1976).

Adhail esteve muito atento com os loteamentos. Ficava indignado quando percebia que muitos haviam sido aprovados sem a reserva de espaço para escola, posto de saúde, praça e respeito ao fundo de vale. Vinha à lembrança o Capanema, um bairro sem praça. O projeto original contemplou a praça, mas, com a anuência da Câmara de Vereadores na década de 1950, ali foi construído o Grupo Escolar Hildebrando de Araújo. Para evitar que este fato se repetisse no bairro da Cidade Industrial de Curitiba (CIC), Adhail propôs muitas melhorias no projeto apresentado da prefeitura.

> Adhail Sprenger Passos, relator da comissão de urbanismo já elaborou diversas emendas para o projeto sobre o zoneamento da CIC que deverá entrar em votação ainda esta semana na Câmara Municipal. (*Gazeta do Povo,* 11 dez. 1980).

A preocupação da prefeitura com relação a enchentes não começou com as calçadas, mas com a preservação dos fundos de vale, por meio do Decreto Municipal 400/1976. Era preciso dar um basta aos interesses imobiliários que se habituaram a destinar áreas de fundo de vale para a construção de casas e destinar este espaço para escola, posto de saúde e praça, uma forma de atender a legislação auferindo mais lucro. Sem espaço para escoar as águas nos tempos de chuva mais intensa, moradores têm prejuízos com alagamentos e a prestação de serviços públicos fica prejudicada por causa de enchentes.

Questões relacionadas a planejamento urbano eram questões de honra para Adhail. Como ficar calado quando era tido como bom conhecedor de planejamento urbano? Se sua responsabilidade era fiscalizar o Executivo, não esmoreceu, mesmo quando seus colegas de parlamento não agiram com a rapidez que desejava.

> Os loteamentos urbanos irregulares, chamados clandestinos, assumem uma dimensão que já extrapolou a área administrativa. Em 1978 a Câmara Municipal constituiu uma CPI para investigar o assunto. [...] O mais grave é que o parecer da CPI ainda não foi submetido à consideração do plenário. Para Adhail Sprenger Passos, esta situação não passa de ridícula [...] "quando se trata dos grandes problemas sociais as decisões são muito demoradas, porque a administração é muito elitista e só toma medidas de caráter social se for pressionada". (*Diário do Paraná,* 20 mar. 1980).

Na audiência pública sobre enchentes, realizada na Assembleia Legislativa do Paraná em 20 de junho de 1983, Adhail mostrou-se conhecedor do assunto e, para as áreas urbanas, apresentou uma única solução: cuidar para que a área de solo permeável não fosse diminuída nos lotes e nas calçadas.

> Um exemplo bem típico é o trecho entre a Engenheiro Rebouças e Santana, na Rua Hildebrando de Araújo. Numa rua calma, de residências, toda pavimentada com espaço enorme para os veículos. (*Jornal do Estado*, 26 jun. 1983).

A prefeitura, muito antes desta audiência pública, já tinha ditado normas para proteger os fundos de vale, por meio do Decreto Municipal 400/1976. Este foi o começo para a solução do caos que as chuvas podiam causar. Não importou a medida ter sido editada por meio de decreto. Era assunto urgente, de consenso de todos. E as calçadas?

As áreas verdes nas calçadas de Curitiba, uma recomendação de Adhail para minimizar as enchentes no centro da cidade, demorou para ser alvo da atenção do Executivo e Legislativo municipais. Transtorno antigo. Sempre que a chuva era forte, afirmava Adhail: "Se a calçada fosse em parte coberta com verde, as consequências seriam um pouco menores, pois parte da água da chuva irá para o subsolo". Falou, falou e falou. Somente em 2005 a prefeitura, por meio da Lei 11.596, regulamentada pelo Decreto Municipal 1.066/2006 , colocou um ponto final na pavimentação das calçadas e elaborou um panfleto de orientação para os munícipes. Tudo o que Adhail queria e por que tanto lutou.

E, um ano mais tarde, as insistentes manifestações de Adhail para a necessidade de solução para as enchentes foram finalmente ouvidas. A Prefeitura de Curitiba, por meio do Decreto Municipal 176/2007, toma mais uma medida para diminuir os estragos das cheias provocadas pelas chuvas, quando estabelece as normas para a construção das bacias de contenção, um reservatório temporário para as águas sob as edificações ou próximo a rios com margens edificadas.

Mas sua preocupação com a água não foi só a enchente e suas consequências. Quando a Câmara discutia a criação da Cidade Industrial de Curitiba, mostrou-se preocupado com o seu fornecimento de água no município. Na ocasião, alertou que, por falta de rios caudalosos, Curitiba não deveria abrigar a CIC, uma vez que a indústria era responsável por 70% do consumo de água, quando comparado ao consumo da população em geral. Recomendou outra localização. Sugeriu espaço na região metropolitana em que a água fosse mais abundante. Criada em 1973, em 1985, quando ainda não contava com grande quantidade de indústrias instaladas, a CIC certamente colaborou com parte do agravamento de problemas relacionados à falta de água. A longa estiagem fez com que a população tivesse que conviver com o desabastecimento de energia elétrica. Com mais de 1 milhão de habitantes desde 1980 (IBGE, Censo 2010), a água não estava sendo suficiente para produção de energia que, no Paraná, vinha, em grande parte, das hidrelétricas instaladas no Rio Iguaçu. Hoje são seis. Presságio? Não. Simples costume de, depois de consulta a especialistas e realização de pesquisa, fundamentar preocupações e suas posições com dados concretos. Atualmente, para minimizar o descarte de água, existe um movimento para que as indústrias reutilizem a água por elas consumida, levando a uma sensível diminuição do consumo.

Quando a função de fiscal envolvia dinheiro, Adhail comungou com o pensamento de Schopenhauer, que afirmou "ser o dinheiro a coisa mais importante do mundo. Representa: saúde, força, honra, generosidade e beleza, do mesmo modo que a falta dele representa: doença, fraqueza, desgraça, maldade e fealdade".

O dinheiro do povo era sagrado para Adhail, e o bom uso do dinheiro público foi sua bandeira número 1. O vereador, logo que recebeu a verba de gabinete, abriu uma conta bancária exclusiva para esse recurso financeiro e orientou sua equipe que, para dar transparência, qualquer quantia tinha que ter seu comprovante com indicação do recebedor do valor recebido. E ainda determinou a devolução à Câmara do que não tinha sido gasto no ano fiscal. Exigiu correção e transparência com o dinheiro público. Adhail procurou também otimizar este recurso dando preferência a entidades assistenciais que atendiam muitas pessoas. Algumas delas já recebiam sua ajuda financeira pessoal, ainda que não tivesse sido seu fundador. Como conhecia o trabalho realizado por estas entidades, tinha certeza de que os recursos públicos estariam sendo bem empregados. Isto não quer dizer que não assistia também pessoas que vinham ao seu gabinete pedir ajuda financeira, mas confessava que não se sentia confortável em atender pessoas porque entendia que estaria interferindo nas atividades do Departamento de Assistência Social da prefeitura. A função do vereador era legislar.

Adhail, na apreciação dos pedidos de recursos financeiros vindos do Executivo, buscou clareza e transparência em todos os que precisavam da aprovação do Legislativo.

> Adhail Sprenger Passos, sobre autorização para o prefeito abrir crédito especial destinado às vítimas da explosão do caminhão de dinamite no dia 2 de setembro [...] levantou um problema na mensagem encaminhada à Câmara que diz que a verba será dada de acordo com o relatório. Mas o que diz o relatório? E esta quantia não se sabe se é pouca, suficiente ou muita. (*Tribuna do Paraná*, 23 out. 1976).
>
> O vereador Adhail Sprenger Passos encaminhou para o prefeito Jaime Lerner, dia 19 de março, um requerimento pedindo as seguintes informações sobre a Praça Rui Barbosa: 1- Justificar a razão do valor a parcela inicial mínima e, da parcela mínima mensal (250 mil cruzeiros e 200 mil cruzeiros e aluguel mínimo de 10 mil cruzeiros; 2- Qual a verba utilizada para a construção do Centro Comercial da Praça Rui Barbosa? 3- Analisar a possibilidade de anular a concorrência no sentido de se estabelecer novos critérios de modo a permitir que os boxes do conjunto referido sejam utilizados por pequenos comerciantes. (*Correio de Notícias*, 26 mar. 1980).

As propostas de orçamento também passaram por sua análise criteriosa.

> [...] o vereador Adhail Sprenger Passos, ao analisar o orçamento da Fundação Cultural de Curitiba, verificou que, os recursos para o próximo anos eram de 94 milhões de cruzeiros. [...] "É um absurdo", disse o vereador, "que a FCC gaste mais de 90% do seu orçamento com administração geral e somente oito por cento na sua "atividade fim, para a qual foi criada" (programação artístico-cultural). (*O Estado do Paraná*, 10 set. 1981).

As prestações de contas trouxeram a Adhail muita insatisfação. Foram muitas as que não traziam a clareza necessária de como os recursos tinham sido utilizados. Minucioso nas suas análises, sentia-se na obrigação de pedir esclarecimentos quando as informações estavam incompletas ou confusas.

> Adhail Sprenger Passos, vice-líder do PMDB na Câmara, criticou, mais uma vez, a URBS em relação à sua prestação de contas referente à receita proveniente dos estacionamentos pagos implantados nas vias públicas da cidade. Segundo o parlamentar, essa empresa não está explicando convenientemente a aplicação as verbas arrecadadas. (*Diário do Paraná,* 30 maio 1981).

Se na Câmara Adhail se dedicou muito ao planejamento urbano e às contas públicas, na Assembleia Legislativa dedicou-se com afinco à melhoria da gestão financeira do estado e dos municípios e à consequente prestação de contas. Logo que assumiu o mandato, ciente das dificuldades que as prefeituras tinham em usar os recursos seguindo as normas e a enormidade de irregularidades nas prestações de contas, a primeira providência foi sugerir a reforma do Tribunal de Contas para auxiliar as prefeituras na organização da documentação contábil.

> O plenário (Assembleia Legislativa) aprovou, ontem, o requerimento do deputado Adhail Sprenger Passos e o esboço do anteprojeto criando o Conselho de Contas dos Municípios. (*Gazeta do Povo,* 30 jun. 1984).

Conseguiu a concordância dos demais deputados, que entenderam a proposta como forma de evitar que as contas fossem aprovadas com ressalvas. No entender de Adhail, as ressalvas, para o leigo, poderiam transparecer condescendência do tribunal para com usos indevidos do dinheiro público. Mas a proposta produziu a seguintes reações junto à comunidade e ao Tribunal:

> O deputado Adhail Sprenger Passos, vice-líder da bancada Assembleia Legislativa requereu ontem a transcrição, na íntegra do editorial do jornal Indústria e Comércio, "o zelador das

contas e do povo", nos anais do legislativo. [...] o jornal destacou: "O Tribunal de Contas não é um poder, mas uma instância apropriada para dar respaldo à função legislativa, quer a estadual como municipal, no exame da legalidade orçamentária dos atos, assumindo a especificidade dessa competência e jurisdição de órgão técnico, zelador da contabilidade pública" (*Indústria e Comércio*, 26 ago. 1984).

Para o presidente do Tribunal de Contas do Estado, Cândido Martins de Oliveira, a criação de um Conselho de Contas Municipais é importuna por ilegal e excessivamente onerosa: "Nos Estados onde foi criado virou um cabide de empregos." [...] O deputado Adhail Passos (PMDB), principal defensor da criação, vai apresentar uma emenda na mensagem do governador que trata da reestruturação do Tribunal de Contas, apressando o nascimento do Conselho. (*Correio de Notícias*, 1 set. 1984).

7
O LEGISLADOR

Adhail considerava a função de legislar a mais importante de um parlamentar. Se apresentou poucas propostas, foi porque se dedicou com afinco ao aperfeiçoamento de projetos de outros vereadores ou do Executivo e à análise das contas públicas. Como é com base nas leis que a população se organiza, projeta seu futuro e corrige seu passado, foram muitas as emendas propostas por Adhail que beneficiaram a coletividade. Sabia que a distribuição dos recursos provenientes de tributos federais não estava atendendo as instâncias administrativas dos estados e dos municípios de forma a suprir as necessidades. A centralização dos recursos financeiros pelo governo federal faz com que até hoje governadores e prefeitos se façam presentes em Brasília na busca de recursos. Uma reforma no sistema tributário brasileiro já era urgente há décadas.

> [...] as profundas alterações em todo o sistema tributário, beneficiando Estados e Municípios, única forma de resolver a questão definitivamente, não se dará no atual governo. "Faremos constar no programa mínimo do futuro presidente as reformas prioritárias para atender as mais legítimas aspirações da nação. No bojo se incluirá a reforma tributária" (*Jornal do Estado*, 1 set. 1984).

Curitiba apresentou sua proposta para a reforma do Código Tributário de Curitiba, e Adhail, mais uma vez, reclamou da pressa em aprovar assunto de tão grande importância para Curitiba e munícipes. Adhail considerava que, ao apresentar sua proposta ao fim do período legislativo, a prefeitura estaria excluindo a participação da população por meio de seus representantes, os vereadores. Neste caso, o tempo exíguo não permitiu a análise nas Comissões, e, para entrar em vigor em 1981, teria que ser aprovada em 1980. No ambiente político, este procedimento é geralmente denominado "aprovação a toque de caixa".

> O vereador Adhail Sprenger Passos apresentou, nos últimos dias, 32 emendas ao anteprojeto que estabelece o novo Código Tributário para o Município de Curitiba. [...] Adhail diz que há tempo vem insistindo para que a prefeitura realize uma reforma no sistema tributário, argumentando que ela se faz necessária pela existência de uma série de desequilíbrios e injustiças fiscais na cobrança de tributos. Apesar da insistência, o vereador lamenta que a reforma preconizada pela Prefeitura Municipal tenha levado quatro anos [...] e agora o Executivo queira retirá-la da Câmara em prazo extremamente curto. (*Gazeta do Povo*, 30 nov. 1980).

Ele ressaltou a existência de distorções na cobrança de tributos, principalmente na cobrança do IPTU. Até aquele ano, o tributo deveria ser pago em parcela única, mas o percentual aplicado para o aumento foi tão alto que muitos munícipes teriam que optar entre efetuar o pagamento do IPTU ou comer. Demonstrou sua posição com dados, insistiu, mas a prefeitura não aceitou redução da alíquota. Adhail conseguiu a instituição do parcelamento desse tributo.

Em vários momentos, não concordou com o aumento da tarifa de transporte coletivo. Sabia que os empresários do transporte coletivo formavam um grupo muito atuante na defesa de seus interesses, e Adhail foi obrigado a procurar maneiras para que a tarifa viesse a ser compatível com o poder aquisitivo dos usuários, sem prejuízo da qualidade do serviço prestado e da saúde financeira das empresas. Encontrou uma possibilidade de diminuição da tarifa com o uso do preço no atacado, e não o do varejo, para o cálculo da tarifa.

> Adhail Passos manifesta que sua posição não é contra a implantação da "tarifa única". [...] Fazendo um levantamento comparativo das alterações dos preços nas diversas linhas, o vereador verificou que muitos bairros pobres vão pagar mais só por estarem mais próximos do centro. (*Diário do Paraná*, 25 abr. 1980).
>
> [...] Adhail Sprenger Passos ocupou a tribuna para analisar as majorações do transporte coletivo urbano. [...] a Prefeitura computa para efeito de majoração das tarifas os preços de revenda nos postos e não os de colocação do produto nas distribuidoras. Alude depois à compra dos pneus, cujos preços computados são os de revenda locais, quando na realidade as empresas os compram nas fábricas a preços menores. (*Diário do Paraná*, 11 jun. 1981).

Adhail, na Câmara de Vereadores de Curitiba, com o objetivo de esclarecer dúvidas e sugerir melhorias em cada proposta, fez incontáveis interferências. Os anais da Câmara registraram todos, mas aqui estão relacionados alguns não publicados nos jornais:

> [...] na forma que a Prefeitura de Curitiba tentava resolver a ocupação irregular de terrenos motivada pelo êxodo rural, lembrando que não havia necessidade de expulsão, mas de instituição de um programa habitacional, uma vez que em abril de 1981 a Companhia de Habitação (COHAB) encaminhou à Câmara a relação dos seus terrenos possíveis para tal empreendimento. *(Pronunciamento em 11 mar. 1982).*
>
> [...] no hábito da Prefeitura de Curitiba de governar por Decreto, incorrendo até em agressão às leis vigentes, exemplificando a mudança de denominação de ruas. *(Pronunciamento em 31 mar. 1982).*
>
> [...] na Lei de Diretrizes Orçamentária de Curitiba, quando constatou inconstância em dados numéricos. *(Pronunciamento em 30 nov. 1982).*
>
> [...] na atuação do executivo relativa à "limpeza" do centro da cidade com a retirada do comércio de ambulante, sugerindo a regulamentação. *(Pronunciamento em 30 nov. 1982).*
>
> [...] na situação em que grande parte da população é explorada no trabalho por meio de baixos salários. Exemplificou citando vigilantes e datilógrafos da Câmara vinculados a empresas terceirizadas, sugerindo a realização de concurso para estas categorias. *(Pronunciamento em 13 maio 1982).*

Como deputado, seu comportamento não foi diferente. Seus pronunciamentos são o registro de que:

> [...] solicitou que, além dos benefícios do Instituto de Previdência do Estado do Paraná (atendimento médico, pensão e aposentadorias), fosse ofertado também o atendimento odontológico. *(Pronunciamento em 26 maio 1983).*
>
> [...] solicitou ao Presidente Aureliano Chaves especial atenção a problemas ecológicos, reunião de trabalho da Comissão de Ecologia, destacando a área da Serra do Mar próxima a Curitiba e a tramitação do processo de implantação do Parque do Marumbi. *(Pronunciamento em 9 ago. 1983).*

> [...] mostrou-se satisfeito com a anulação, peça justiça, do decreto Nº 1547/79 por não expressar com precisão os imóveis a serem considerados de interesse para a memória histórica de Curitiba e infringir a legislação superior. *(Pronunciamento em 11 ago. 1983).*
>
> [...] alertou que os procedimentos para a realização de compras pelo Estado seguissem a legislação, uma vez que a assessoria jurídica da Fundepar autorizou a aquisição de 60.000 conjuntos de carteiras sem licitação. *(Pronunciamento em 13 set. 1983).*
>
> [...] apresentou o esboço do Projeto de Lei que cria a estrutura político-administrativa do Paraná para realizar o controle financeiro, tributário e orçamentário dos municípios. *(Pronunciamento em 18 jun. 1984).*
>
> [...] defendeu a necessidade da Reforma Agrária como meio pelo qual os trabalhadores rurais possam sair da informalidade e possam ter acesso à propriedade com o direito de morar, trabalhar e produzir no que lhes pertence. *(Pronunciamento em 27 jun. 1984).*

Esses poucos pronunciamentos servem para qualificar o reconhecimento de Vereador do Ano e de Deputado Mais Assíduo não só por meio de números, mas pela participação de Adhail em muitas e muitas discussões no plenário. Mesmo assim, Adhail encontrou espaço para apresentar projetos de lei. Foram cuidadosamente escolhidos aqueles de grande importância para os curitibanos e paranaenses. Pela iniciativa de Adhail, Walter Alberto Pecoits recebeu o Título de Cidadão Honorário do Paraná por ter defendido uma reforma agrária justa, o que lhe rendeu a cassação do mandato de deputado estadual, prisão e tortura, que o deixou cego de um olho. Iberê de Matos recebeu o mesmo título pelos serviços prestados quando superintendente da Rede Viação Paraná-Santa Catarina e por sua atuação como prefeito de Curitiba. E a professora Pompília Lopes dos Santos foi agraciada com o título de Cidadã Benemérita do Paraná por ter toda uma vida dedicada aos valores humanos fundamentais, uma iniciativa invulgar para a época.

O jornal *O Estado do Paraná*, em 28 de setembro de 1976, noticiou a apresentação de projeto de lei de Adhail voltado ao atendimento de saúde em Curitiba. A forma do texto deixou transparecer o método de trabalho de Adhail. Neste caso, buscou aplicar seus conhecimentos sobre planejamento urbano junto a uma das necessidades da população, o atendimento à saúde. Fundamentou seu o projeto com a apresentação de dados para garantir a aprovação da proposta.

> Adhail apresentou um projeto de lei que disciplina a concessão para a construção de hospitais em Curitiba que poderão ser instalados nas zonas residenciais. [...] Adhail documentou-se [...] são 4.783 leitos que, excluídos os destinados a especialidades, restam apenas 1213 leitos, ou seja, um leito para cada 722 habitantes (*O Estado do Paraná*, 28 set. 1976).

Os registros de parte da atividade parlamentar de Adhail Sprenger Passos divulgados nos jornais de Curitiba, se associados às principais atribuições dos parlamentares, isto é:

- representar os eleitores e a comunidade;
- legislar em defesa do bem comum;
- fiscalizar a aplicação do dinheiro público;
- assessorar no encaminhamento de indicações a prefeito e secretários municipais;
- falar em nome da população, do partido político que representa e de movimentos organizados;
- realizar seminários, debates e audiências públicas como meios de ouvir e de permitir que sejam ouvidos os interesses da comunidade em geral,

servem para melhor entender as razões pelas quais o vereador Waldir D'Angelis, autor do projeto de lei que permitiu a outorga do título de Cidadão Honorário de Curitiba, definiu seu professor e colega de vereança:

> *"Adhail sintetiza a figura máxima do exemplo de homem público em nosso Estado".*

8
O ADMINISTRADOR

Por vezes sentimos que aquilo que fazemos
não é senão uma gota de água no mar.
Mas o mar seria menor se lhe faltasse uma gota.
(Madre Teresa de Calcutá)

O Paraná reordenou seus rumos socioeconômicos na década de 1950 com ações voltadas à ocupação das terras do norte e do noroeste do estado por meio de um programa de colonização. Sob a responsabilidade da Companhia Melhoramentos Norte do Paraná, a meta foi estimular a plantação de café e criar cidades. No entanto, quando o projeto já estava dando frutos, o frio de 1955 foi cruel com os cafezais. Vieram muitas dificuldades para os produtores de café. A geada quase acabou com a produção daquele ano, fato lembrado em 4 de agosto de 1958, pelo *Correio da Manhã*: "As geadas já haviam protagonizado outras crises cafeeiras em 1953 e 1955, sendo que 80% da safra de 1954 foi comprometida pelo fenômeno".

A geada de 55 ficou na memória de muitos, a ponto de fazer com que João Marino Delize escrevesse um soneto falando dessa inesquecível geada, que ocorreu quando os cafezais estavam se formando. Quanta frustração!

> *"No mês de agosto de mil, novecentos e cinquenta e cinco.*
> *Houve uma grande geada que arrasou todos os cafezais.*
> *Esta geada ocorreu em todo o cone sul deste nosso país.*
> *E daqueles dias tenebrosos e frios, não esquecerei jamais".*

Nesta oportunidade, Adhail optou por pedir desligamento da Companhia Melhoramentos Norte do Paraná e voltou para Curitiba, onde os empregos para engenheiro não apareceram. Trabalhou aqui e ali até ser admitido, por concurso, na Companhia de Correios e Telégrafos. Subsistência garantida, tratou de cuidar do sonho de preparar-se para melhor contribuir no processo de desenvolvimento do Paraná. Matriculou-se na Faculdade de Ciências Econômicas (UFPR). O universitário sofredor do curso de Engenharia não existia mais. O estudo era-lhe prazeroso. Dedicou-se com afinco e concluiu o curso como melhor aluno da turma, fazendo jus ao Prêmio Barão do Serro Azul, outorgado pela Associação Comercial do Paraná.

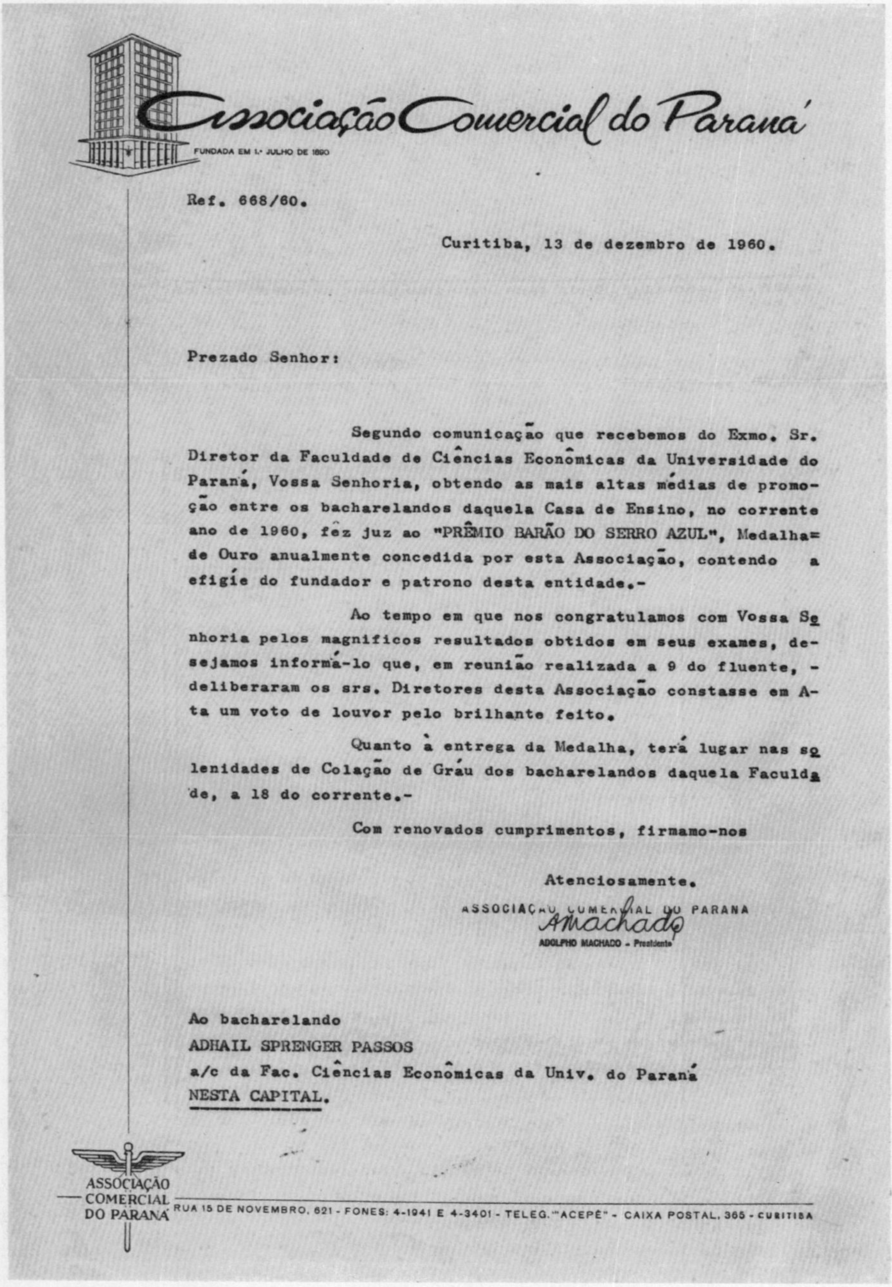

Associação Comercial do Paraná

FUNDADA EM 1.º JULHO DE 1890

Ref. 668/60.

Curitiba, 13 de dezembro de 1960.

Prezado Senhor:

Segundo comunicação que recebemos do Exmo. Sr. Diretor da Faculdade de Ciências Econômicas da Universidade do Paraná, Vossa Senhoria, obtendo as mais altas médias de promoção entre os bacharelandos daquela Casa de Ensino, no corrente ano de 1960, fêz juz ao "PRÊMIO BARÃO DO SERRO AZUL", Medalha= de Ouro anualmente concedida por esta Associação, contendo a efígie do fundador e patrono desta entidade.-

Ao tempo em que nos congratulamos com Vossa Senhoria pelos magnificos resultados obtidos em seus exames, desejamos informá-lo que, em reunião realizada a 9 do fluente, - deliberaram os srs. Diretores desta Associação constasse em Ata um voto de louvor pelo brilhante feito.

Quanto à entrega da Medalha, terá lugar nas solenidades de Colação de Gráu dos bacharelandos daquela Faculdade, a 18 do corrente.-

Com renovados cumprimentos, firmamo-nos

Atenciosamente.

ASSOCIAÇÃO COMERCIAL DO PARANÁ

AMachado

ADOLPHO MACHADO - Presidente

Ao bacharelando

ADHAIL SPRENGER PASSOS

a/c da Fac. Ciências Econômicas da Univ. do Paraná

NESTA CAPITAL.

ASSOCIAÇÃO COMERCIAL DO PARANÁ

RUA 15 DE NOVEMBRO, 621 - FONES: 4-1941 E 4-3401 - TELEG. "ACEPÊ" - CAIXA POSTAL, 365 - CURITIBA

Prêmio Barão do Cerro Azul (acervo pessoal).

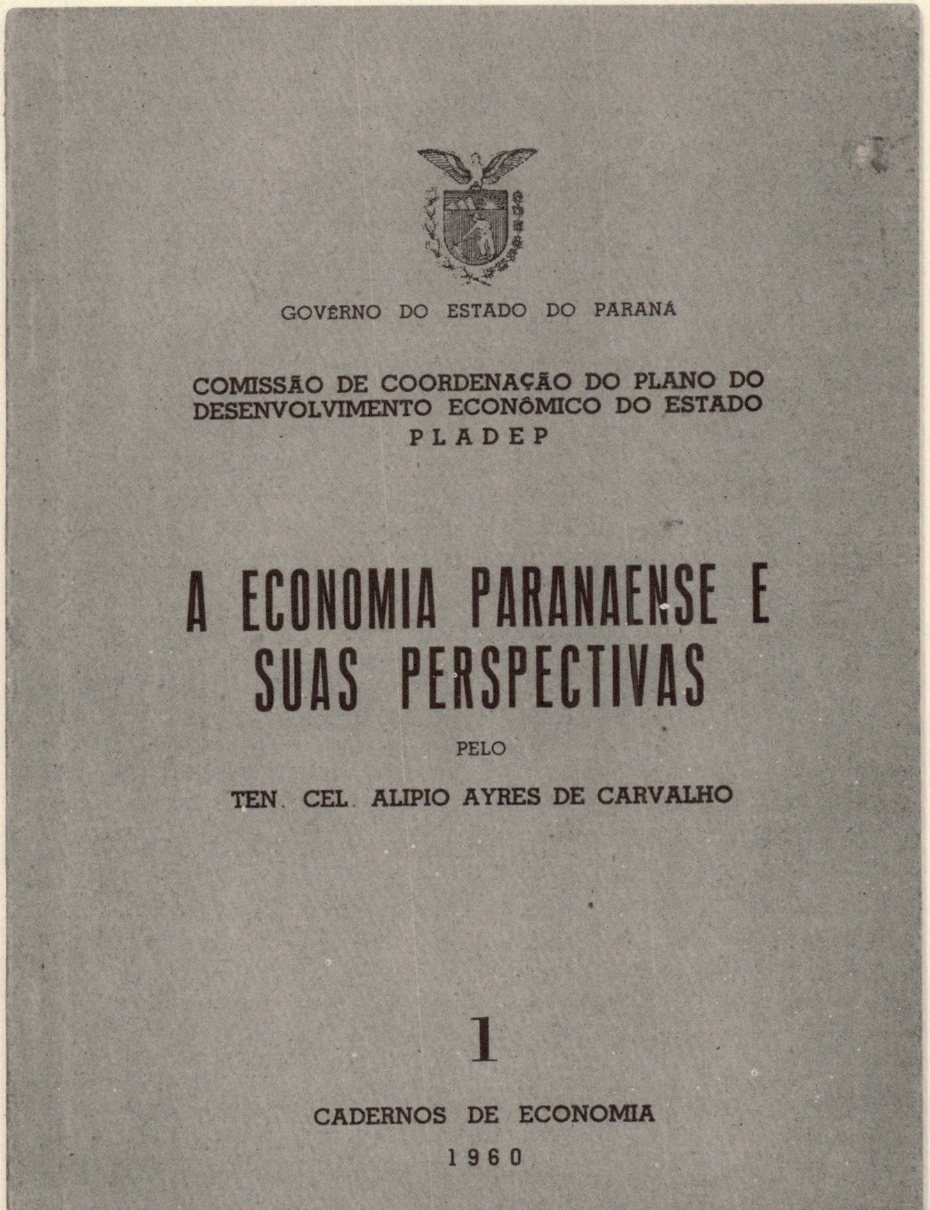

Primeiro estudo sobre o futuro da economia paranaense (acervo pessoal).

Enquanto isso, o governador Oliveira Franco (1955-1956) tratava do futuro do estado. Deu início aos trabalhos do planejamento da transformação econômica do Paraná, e, já em 1960, foi publicado um caderno com estudos e levantamentos socioeconômicos que permitiriam a identificação das potencialidades da economia paranaense, o primeiro documento do Plano de Desenvolvimento Econômico do Paraná (Pladep).

Na sala de aula, o aluno Adhail relacionava as teorias do curso de Economia com o período de trabalho em Cafeeiros e a vivência política no PDC. Foi no partido que Ney Braga percebeu o potencial do engenheiro e o ainda estudante de Economia. Afinal, Ney pretendia disputar o cargo de governador nas eleições de 1960 e já se preocupava com a formação de sua equipe para o caso de ser eleito. Tratou de preparar Adhail porque este certamente teria espaço na sua possível administração do estado. Ney não perdeu tempo e escolheu Adhail para uma viagem de estudos aos Estados Unidos, que deveria acontecer um pouco mais tarde.

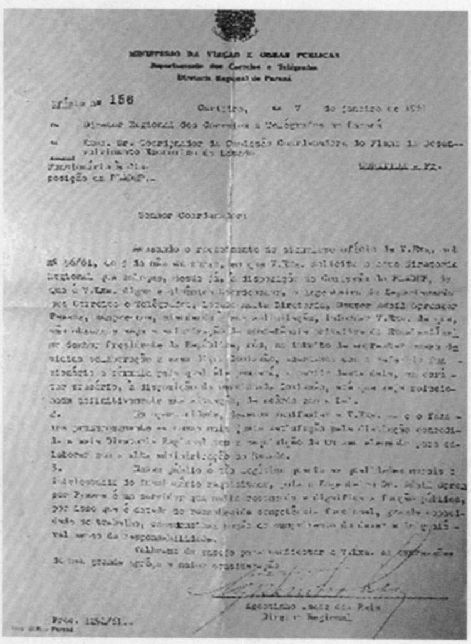

MINISTÉRIO DA VIAÇÃO E OBRAS PÚBLICAS
Departamento dos Correios e Telégrafos
Diretoria Regional do Paraná

Ofício nº 156

Senhor Coordenador:

[illegible]

Proc. 1251/51.

Diretor Regional

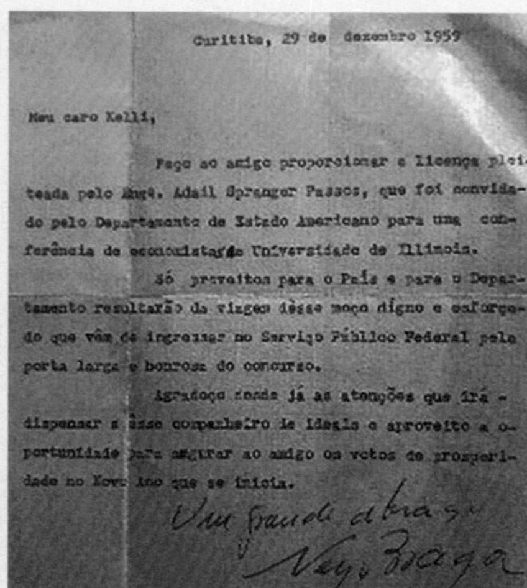

Curitiba, 29 de dezembro 1959

Meu caro Kelli,

Faço ao amigo proporcionar a licença pleiteada pelo Engº. Adail Sprenger Passos, que foi convidado pelo Departamento de Estado Americano para uma conferência de economistas na Universidade de Illinois.

Só proveitos para o País e para o Departamento resultarão da viagem dêsse moço digno e esforçado que vêm de ingressar no Serviço Público Federal pela porta larga e honrosa do concurso.

Agradeço desde já as atenções que irá dispensar a êsse companheiro de ideais e aproveito a oportunidade para augurar ao amigo os votos de prosperidade no Novo Ano que se inicia.

Um grande abraço
Ney Braga

Pedido de Ney Braga para que Adhail pudesse se ausentar do país (acervo pessoal).

Embora para muitos pareça que a participação ativa na campanha de Ney Braga garantiu a Adhail uma função na administração do Estado do Paraná, não foi isso que aconteceu. Ney Braga (1961-1964) tinha conhecimento da atuação de Adhail em Cafeeiros, e precisava de alguém com vivência nas atividades de colonização do noroeste do estado. Se eleito, daria continuidade ao trabalho. Naquele momento, Adhail já era economista, fato que contribuiria em muito para integrar a equipe administrativa de Ney Braga, se eleito governador.

Instituto Nacional de Imigração e Colonização

Mas os planos de Ney Braga foram alterados por interferência do também recém-eleito presidente da república, Jânio Quadros. Ney recebeu de Jânio (1961) a incumbência de indicar nomes para ocupar dois cargos na diretoria do Instituto Nacional de Imigração de Colonização, hoje Instituto Nacional de Colonização e Reforma Agrária (Incra). O governador indicou Ivan Luz[64], deputado federal eleito pelo Paraná, para a presidência; e Adhail para a diretoria técnica. Embora desconhecido, logo sua indicação foi bem recebida entre os paranaenses.

> Culto, inteligente, idealista, de grande capacidade de trabalho, granjeou uma reputação técnica admirável tendo-se em vista o pouco tempo de exercício profissional. (*Jornal do Paraná,* abr. 1961).

Se Cafeeiros abriu os olhos do Adhail para novos horizontes profissionais, Brasília apresentaria a ele a modernidade. A cidade em que os cruzamentos das ruas foram substituídos por viadutos e as superquadras oferecia serviços de primeira necessidade para os moradores, incluindo escolas. Ficou maravilhado.

Apartamento funcional Asa Norte, moradia provisória até que o apartamento da Asa Sul ficàsse pronto (Acervo pessoal).

Em Curitiba, Adhail estava acostumado a fazer compras no armazém do bairro, com pedido feito no balcão e pagamento das compras no fim do mês. Tudo registrado no famoso caderninho. Na "nova cap", modo informal e carinhoso como Brasília era chamada, pôde experimentar o sistema de compras dos supermercados: escolher os produtos disponibilizados nas prateleiras, colocá-los na cestinha ou carrinho e, finalmente, pagar no caixa. Grande novidade na época e o berço das lojas de departamentos e dos grandes supermercados.

Na área da Educação, as novidades vieram por meio da esposa, Judith, a professora de Educação Física que passou a trabalhar no sistema educacional de Brasília, onde as ideias de Anísio Teixeira[21] estavam sendo aplicadas. A responsabilidade de Judith era acompanhar o trabalho dos professores das escolas do Distrito Federal e, em especial, da primeira escola de Brasília que aplicava a proposta de educação em tempo integral defendida por Anísio Teixeira: um centro educativo integrado que unia a educação formal com atividades extracurriculares informais, como atividades artísticas e de educação física. Judith também acompanhava o trabalho dos professores por meio do filho Adalberto, matriculado nessa escola experimental de Brasília. Qual não foi a surpresa quando Judith percebeu que os princípios educacionais de que tinha tomado conhecimento nos cursos para professores na Escola de Educação Física do Exército, no Rio de Janeiro, estavam ali contemplados. Com a convivência com as tendências educacionais, sentia-se mais bem preparada para suas aulas na Escola de Educação Física do Paraná e mais competente na defesa das mudanças na Educação que estavam por vir: a Educação Física seria uma

[21] Anísio Teixeira é considerado o inventor da escola pública no Brasil.

disciplina menos preocupada com o vigor físico, isto é, também voltada para a formação do cidadão. Brasília surpreendia em muitos aspectos e anunciava novos tempos para o Brasil.

Em Brasília, não foi a primeira vez que Adhail participava da administração pública. Ainda adolescente, tinha sido secretário de dois prefeitos de Curitiba. No dia a dia na prefeitura, percebeu a responsabilidade que caía sobre os ombros de todos que lá trabalhavam e, principalmente, a forma pela qual realizar a administração de um município. Além disso, ao se deparar com o traçado das ruas de Brasília, Adhail lembrou-se do Plano Agache, que também pretendia organizar e modernizar Curitiba.

Era chegada a hora de realizar com lealdade a função recém-assumida, e precisava atentar para que tudo o que fizesse sempre fosse voltado ao bem comum. Uma enorme responsabilidade. Agora, em Brasília, além de notar o impacto que o planejamento urbano trazia para seus moradores, percebeu que não seria coadjuvante. Desempenharia seu trabalho à semelhança dos ex-prefeitos de Curitiba, agregando a experiência adquirida em Cafeeiros.

A dupla de paranaenses Ivan Lins e Adhail assume o Instituto Nacional de Imigração e Colonização em 11 de abril de 1961. O Inic tinha a finalidade de dar assistência aos imigrantes (orientação e encaminhamento da mão de obra, seleção, entrada, distribuição e fixação dos imigrantes) e acesso de brasileiros a pequena propriedade; enfim, de executar o plano nacional de colonização. Foi com entusiasmo que percebeu a semelhança dos propósitos do Inic com os da Companhia Melhoramentos Norte do Paraná, onde havia trabalhado havia muito pouco tempo, nos primeiros anos da década de 50.

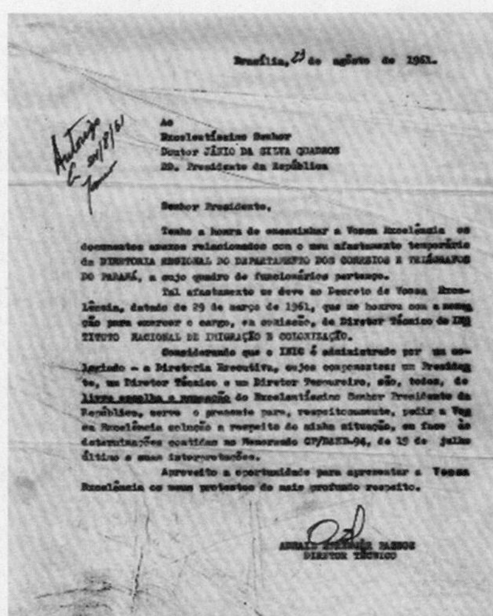

Brasília, 23 de agôsto de 1961.

Ao
Excelentíssimo Senhor
Doutor JÂNIO DA SILVA QUADROS
DD. Presidente da República

Senhor Presidente,

Tenho a honra de encaminhar a Vossa Excelência os documentos anexos relacionados com o meu afastamento temporário da DIRETORIA REGIONAL DO DEPARTAMENTO DOS CORREIOS E TELÉGRAFOS DO PARANÁ, a cujo quadro de funcionários pertenço.

Tal afastamento se deve ao Decreto de Vossa Excelência, datado de 29 de março de 1961, que me honrou com a nomeação para exercer o cargo, em comissão, de Diretor Técnico do INSTITUTO NACIONAL DE IMIGRAÇÃO E COLONIZAÇÃO.

Considerando que o INIC é administrado por um colegiado – a Diretoria Executiva, cujos componentes: um Presidente, um Diretor Técnico e um Diretor Tesoureiro, são, todos, de livre escolha e nomeação do Excelentíssimo Senhor Presidente da República, serve o presente para, respeitosamente, pedir a Vossa Excelência solução a respeito de minha situação, em face às determinações contidas no Memorando [illegible], de 19 de julho último e suas interpretações.

Aproveito a oportunidade para apresentar a Vossa Excelência os meus protestos do mais profundo respeito.

[illegible]
DIRETOR TÉCNICO

Jânio autoriza o afastamento da Diretoria Regional do Departamento de Correios e Telégrafos do Paraná (acervo pessoal).

Os governos estadual e federal perseguiam os mesmos objetivos: a interiorização. Considerou-se a pessoa certa para atuar na proposta de ocupar o Oeste brasileiro. Estava tudo se encaixando na vida daquele estudante angustiado, do jovem engenheiro insatisfeito e do agora economista entusiasmado. Adhail, estimulado pelo clima de euforia no ambiente de Brasília e pela pujança que a nova capital do Brasil anunciava, sentia-se pronto para participar deste momento da administração federal.

Adhail, diretor técnico do Instituto Nacional de Imigração de Colonização, logo procurou se inteirar das funções para as quais o Inic tinha sido criado, entendendo que todas elas só trariam o bem geral do Brasil. Estudou as ações da autarquia, analisou-as e logo percebeu situações que considerou incompatíveis com as finalidades que o Inic deveria atingir. Percebeu irregularidades em vários pontos do Brasil, e no Paraná constatou relaxamento na execução das ações relacionadas à ocupação das terras da região onde havia trabalhado, em Cafeeiros, distrito de Cruzeiro do Oeste. Descobriu que a razão da grilagem e da consequente extração ilegal de madeira de lei no norte paranaense estava diretamente ligada à extinção da guarda florestal. Um enorme retrocesso. Elaborou um minucioso relatório da situação administrativa do Inic e, com base nos dados coletados pela Fundação João José Bigrella (Funabi), alertou sobre o enorme abandono das ações voltadas para a ocupação das terras situadas no oeste paranaense, e, ainda, da demora na apuração de denúncias, principalmente as relacionadas à exploração predatória da madeira de lei no Paraná.

Abertura da estrada entre Londrina e Maringá, onde nasceria a cidade de Mandaguari (Arquivo Funabi).

Esse relatório foi encaminhado para o presidente da República em junho, e em 4 de agosto Jânio pede que a justiça tome providências quanto à instalação da comissão de sindicância para averiguação dos fatos. A oficialização da comissão ocorreu com a publicação no *Diário Oficial da União* do dia 24 de agosto. Jânio renunciou no dia seguinte, e, segundo a *Tribuna da Imprensa* do Rio de Janeiro de 25 de janeiro de 1962, a comissão ainda não tinha averiguado as irregularidades.

As denúncias incomodaram, e, como consequência, foi acusado de comunista e integralista pelo deputado federal Abel Rafael em pronunciamento proferido na Câmara em dezembro de 61. De imediato solicitou retratação no plenário da Câmara e junto à imprensa, uma vez que o fato tinha sido por ela veiculado.

ADHAIL SPRENGER PASSOS NÃO É INTEGRALISTA

Por engano de reportagem, a nossa edição de 13 de abril último, numa lista de altos funcionários relacionada com uma cerimônia de posse, incluiu o sr. Adhail Sprenger Passos entre os que se orgulham de ser integralistas. Aquêle cidadão escreveu-nos pedindo que retificássemos, pois é membro ativo do PDC. Fazêmo-lo, com o maior prazer, pedindo-lhe desculpas pelo lapso do nosso repórter, que foi, para o sr. Sprenger e ainda muito mais para nós, profundamente lamentável.

Acervo pessoal.

Dissabores políticos não impediram que Adhail trabalhasse em prol do cumprimento das finalidades do Inic. Era com orgulho que comentava em casa os preparativos da vinda de imigrantes coreanos e, em nome do Inic, que estava mantendo contato com representantes do governo da Coreia do Sul para que as dificuldades da imigração fossem minimizadas e que não se repetissem as frustrações dos imigrantes do ciclo migratório do fim do século XIX e início do século XX. Planejou tudo. Melhor localização e melhor infraestrutura para as famílias e um tipo de trabalho que permitisse a subsistência dos imigrantes. Mas a renúncia de Jânio Quadros mudou o curso dos acontecimentos.

> Já no grande fluxo imigratório que ocorreu entre 1963 e 1974, a maioria dos coreanos optou por fixar seu domicílio nas cidades. Só uma pequena parte escolheu o campo, quer pela ausência de infraestrutura para se dedicar à agricultura, quer pelos problemas enfrentados, como o dos posseiros ilegais da terra, que impediam a fixação dos imigrantes coreanos no campo *(Laboratório de Estudos Urbanos - LABEURB/UNICAMP).*

As dificuldades que os coreanos enfrentaram ao tentar trabalhar na agricultura eram exatamente aquelas que Adhail procurou evitar como diretor técnico do Inic. Todas ainda frescas na memória, contadas e recontadas em conversas em que as aventuras da colonização eram assunto principal, pois Adhail era de Guarapuava, Paraná, região que no século XIX foi palco de intenso fluxo migratório. Não muito mais tarde, quando já tinha voltado para Curitiba, soube que os coreanos se instalaram em São Paulo, dedicando-se ao comércio[73]. Nada do que havia planejado foi executado. Uma pena. As terras ficaram disponíveis para a grilagem, e adeus à ocupação ordenada do Oeste do Brasil.

Em 25 de agosto, o Brasil foi surpreendido pela renúncia de Jânio. Os ânimos políticos estavam exaltados, e a preocupação com a segurança da família era enorme. Ele usava carro oficial, mas a esposa e os filhos iam de lá para cá com a Kombi ilustrada com adesivos da campanha eleitoral de Jânio. A frustração de alguns poderia gerar agressão. Assim, providenciou o retorno imediato da esposa e dos filhos para Curitiba. Quanto a Adhail, sua volta para casa também já estava definida. Seria uma questão de tempo, pois Jânio havia determinado que todos os funcionários públicos federais de outros estados retornassem aos seus postos de origem. A máquina administrativa federal estava inchada. Reassumir sua função nos Correios e Telégrafos seria em breve.

Repercute intensamente em todo o mundo a renuncia de Janio Quadros

2ª FOLHA DE S. PAULO

Um jornal a serviço do Brasil

RENUNCIOU O PRESIDENTE JANIO QUADROS

A renúncia de Jânio antecipou o retorno de Adhail para Curitiba (Portal Brasil Empresarial).

CODEPAR/PLADEP

De volta a Curitiba, por determinação do governador Ney Braga, Adhail passa a integrar o grupo de técnicos da Companhia de Desenvolvimento do Paraná[22] como assessor técnico. Era 1963. O novo trabalho deu a oportunidade de participar em curso promovido pela Comissão Econômica para a América Latina e Caribe, ocasião em que foram apresentadas as tendências econômicas e sociais de médio e longo prazo para o Brasil. A Codepar, com a apresentação de Adhail do relatório Análise da economia paranaense: estudo número 40, destacou-se por, já no início dos anos 60, defender a industrialização sem, contudo, deixar de dar suporte à agricultura. O documento também trazia preocupação com a instalação de cidades. Tudo semelhante aos propósitos da Companhia Melhoramentos Norte do Paraná, onde Adhail havia trabalhado nos anos 50.

Com a criação da Codepar em 63 e a consequente incorporação do Plano de Desenvolvimento Econômico do Paraná, Ney Braga dá estabilidade ao seu grupo de técnicos, que, como comissão permanente, confere importância à política de planejamento econômico do estado. A Codepar passaria a dar melhores condições na estrutura administrativa do Paraná para que os técnicos envolvidos na elaboração do Pladep pudessem trabalhar em conjunto com os demais órgãos da administração direta. Adhail, ainda em 1963, passa a coordenar o Pladep com o compromisso de, com os demais integrantes da comissão, pensar nos caminhos para o futuro e segundo a visão por ele anunciada no discurso de posse.

> Planejar é calcular o futuro e preparar-se para a ação. Administrar é um processo que começa precisamente com o planejamento.
>
> [...] o Estado pode e deve criar ou adicionar novos elementos de maneira a fazer-se intérprete ativo das verdadeiras aspirações coletivas e não mero administrador de obra sem direção.
>
> A tarefa de planejar exige de seus executores um aprofundado conhecimento da verdadeira natureza dos fenômenos socioeconômicos.
>
> [...]

---

22 A Companhia de Desenvolvimento do Paraná foi um organismo do governo do Paraná criado em 1962 pelo então governador Ney Braga, com a finalidade de promover o desenvolvimento econômico do estado. Entre seus objetivos estavam a concessão de crédito em obras de infraestrutura, auxiliando o setor industrial e agropecuário, financiamentos e investimentos. Em 6 de dezembro de 1968 foi transformado no Banco de Desenvolvimento do Paraná.

> Para que não sejamos vencidos pela complexidade de nossas tarefas e coerentes com nossa formação, [...] desejamos adotar métodos de trabalho que obedeçam aos postulados da doutrina da economia e do humanismo e aos critérios da economia com desenvolvimento harmonioso. (*O Estado do Paraná*, 10 jan. 1963).

Cada vez mais se fortalecia a cultura do planejamento na administração pública do Paraná, embasada no referencial teórico da Cepal e de Lebret[23]: uma organização econômica do território paranaense de tal forma que uma porção dele fosse dominada por uma grande cidade. Esse período de trabalho no Pladep foi de intenso aprendizado complementar ao que tinha aprendido no curso de Economia e determinante nos 16 anos de atividade parlamentar, e proporcionou-lhe uma viagem de estudos aos Estados Unidos. Dessa viagem, ficou impressionado como os legisladores trabalhavam com uma equipe enxuta e com tomada de decisões assinadas por especialistas. Para cada pauta de discussão, o deputado ou senador contratava um profissional de seu estado, expert no assunto, para dar um parecer técnico que, mais tarde, fundamentaria o seu voto no plenário. Uma verdadeira representatividade. Nada de voto segundo a visão restrita do parlamentar e só por interesses da comunidade. E foi assim que, ao estudar cada proposta de alteração da Lei de Zoneamento, buscou no Ippuc informações técnicas para agregá-las ao seu conhecimento sobre economia e dinâmica social. Só então faria seu pronunciamento e daria seu voto.

Enquanto Brasília vivia um turbilhão político, o Paraná projetava o desenvolvimento econômico com base nos estudos produzidos pelo Pladep. Dados sobre a economia do estado e urbanização da capital foram fatores que favoreceram a consolidação do planejamento e a criação do curso de Arquitetura e Urbanismo na Universidade Federal do Paraná, em 1962. Adhail, engenheiro e economista, logo passou a integrar o corpo docente do curso, responsável pela disciplina de Sociologia Urbana, para dar aos futuros arquitetos os fundamentos sociais e econômicos necessários na elaboração de projetos com base não somente em questões relacionadas à estética e à engenharia.

A convivência com professores universitários e os conhecimentos adquiridos no curso de Economia fizeram com que Adhail aceitasse e defendesse os conceitos de planejamento urbano de Jorge Wilheim aplicados no plano diretor de Curitiba de 1965.

---

[23] Lebret foi um dos introdutores da preocupação com o desenvolvimento global dentro da Igreja Católica, entendido como desenvolvimento da pessoa e dos grupos sociais. Chamou a atenção da Igreja e do mundo ocidental para as questões do subdesenvolvimento e da necessidade de solidariedade com os países pobres.

O modo de pensar de Wilheim agradava Adhail porque também estava em perfeita consonância com os postulados da democracia cristã e com os encaminhamentos da Cepal e de Lebret.

Prefeitura

A terceira participação na administração pública foi a realização do sonho de ser prefeito de Curitiba. Adhail quase chegou a realizá-lo quando o governador José Richa informou-lhe que o havia escolhido para ocupar a prefeitura da capital do Paraná. Naquele momento, os prefeitos das capitais eram indicados pelo governador. No dia seguinte, Richa chamou-o ao Palácio Iguaçu para dizer que havia mudado de opinião e que o prefeito seria Maurício Fruet, alegando que Fruet tinha eleitorado maior. Claro que ficou decepcionado. Quem não ficaria? No entanto, Adhail, um democrata de pensamento e de atitude, respeitou a decisão do governador, pois sabia que ela tinha sido tomada após consulta às bases partidárias, e não por atendimento ao seu desejo. Mas isto não foi o bastante para destruir o sonho de ser prefeito de Curitiba, dizendo: "Não gostaria de ser prefeito biônico".

Dois anos mais tarde, outra oportunidade de ser prefeito surgiria. Foi candidato a candidato pelo PMDB, mas, como não foi o escolhido pelos integrantes do partido, passou a ser o vice de Roberto Requião. A administração de Roberto Requião caracterizou-se por ter sido uma gestão a quatro mãos, uma gestão conjunta com Adhail, o vice-prefeito.

Quando o prefeito se licenciou, Adhail assumiu a prefeitura. Foram poucos dias. Foram dias em que Adhail se sentiu nas nuvens. Em entrevista ao jornal *Correio de Notícias*, publicada no "Jornal de Fim de Semana" (13 dez. 1987), Adhail relatou o significado daquele momento e quais seus planos enquanto prefeito interino.

> O que representa para mim é quase indescritível, porque eu, desde muito tempo, sou um homem muito dedicado a analisar as questões urbanas. [...] É evidente que sempre há, dentro de cada um de nós (políticos), um desejo de alçar voos mais elevados para poder influenciar cada vez mais na solução dos problemas urbanos. E, quando a gente chega na posição de prefeito municipal, mesmo interinamente, por alguns dias, isso dá uma

> satisfação, um sadio orgulho, de uma realização pessoal, muito embora a gente não vá poder sair daqui, nesses poucos dias, e dizer que fez muita coisa para Curitiba. [...] Agora, o que vou fazer nesses quinze dias? Eu vou dar continuidade aos programas estabelecidos pelo Prefeito Roberto Requião. Não vai haver mudança nenhuma, mesmo porque, [...] em campanha dizíamos ao povo que seria uma administração Requião/Adhail, Adhail/Requião. (*Correios de Notícias*, 13 de dezembro de 1987)

O período em que Adhail esteve à frente da prefeitura foi um período em que as relações entre Poder Executivo e Legislativo estavam bastante conturbadas. Com Adhail na prefeitura, a conversa com os vereadores foi mais amena e em condições para que o entendimento fosse possível. Enquanto a maioria achava que se tratava de uma crise entre os poderes, Adhail não.

> Não há crise. Tem diálogo áspero, que tem que haver e cada um tem a autoridade para apresentar uma posição e agir muitas vezes no sentido de apresentar uma moção, um projeto, uma ideia que pode gerara problema para o outro. [...] é o caso do 14º salário. Gerar problemas porque o funcionalismo menos esclarecido vai dizer que o prefeito é ruim e que os vereadores são bons. Isso a gente até pode aceitar. É do jogo, é da esperteza. [...] somos obrigados a vetar porque não se pode aceitar fazer uma despesa sem estar definido, do lado da receita, os recursos para pagá-la. Se a prefeitura for pagar o 14º salário sem ter receita destinada para isso, além de ser inconstitucional, vai dar a possibilidade [de] levar o prefeito para a cadeia. (*Correio de Notícias,* "Jornal de Fim de Semana", 13 dez. 1987).

Outro grande embate entre o Poder Legislativo e o Executivo municipal aconteceu por conta da alteração do Imposto Sobre Serviços. Os vereadores, com certa resistência, não entendiam que não se tratava de um simples aumento de tarifa, mas de necessária compatibilização da legislação tributária de Curitiba à Lei Federal 56/1987. Sofreu muita pressão por parte dos vereadores, que "chegaram até a lhe propor alguns acordos considerados pela imprensa como absurdos" (*Folha de Londrina*, 30 dez. 1987). Resistiu a todas as pressões por se tratar de uma adequação a uma lei federal. Foi a contragosto que assinou o decreto-lei por considerar que governar por decreto desprestigiava o Legislativo.

> O prefeito em exercício, Adhail Sprenger Passos, regulamentou a alteração da lista dos serviços sobre os quais incidem a cobrança do ISS através do Decreto Lei Nº 539. [...] apenas três novas profissões foram acrescidas, as outras são desdobramentos das já existentes. "Não estamos aumentando impostos. A nova lista é mais específica, o que evitará sonegação e pendências judiciais. A alíquota de cinco por cento permanece a mesma" (*Jornal do Estado*, 30 dez. 1987).

Certamente, estar na cadeira de prefeito foi um período de muito trabalho e com ritmo semelhante ao do vereador. Adhail enfrentou outros problemas além do relacionamento com os vereadores. Entre eles, as mudanças na Cohab. Na condição de prefeito, pôde explicar diretamente aos moradores o que a prefeitura tinha planejado. No encontro com os moradores, lembrou-se do conselho que o prefeito Rozaldo Leitão lhe havia dado: "A primeira preocupação de um pai de família é a compra da casa própria". Estava diante de pessoas que atendiam à recomendação de Rozaldo Leitão, que seguiam o mesmo percurso que ele. Conseguiu apaziguar os ânimos dos moradores, que passaram a não se sentir lesados com as alterações que a prefeitura estava realizando na Cohab.

> Os presidentes das associações de bairros e dos clubes de mães dos conjuntos da Cohab estiveram reunidos com o vice-prefeito Adhail Sprenger Passos para um esclarecimento a respeito do departamento social da Cohab, responsável pela criação de creches e escolas nos conjuntos. O departamento vai ser desativado depois da demissão em massa que houve na companhia. [...] Adhail, por sua vez, garantiu que os mutuários gestão sofrendo apenas um processo de adaptação, pois a assistência não vai parar, a partir de agora vai ser usado o departamento social da própria Prefeitura. (*O Estado do Paraná*, 26 jan. 1986).

Foram 15 dias em que Adhail não parou. Sancionou a lei que proibiu a exploração do videopôquer, inaugurou a reforma da Travessa Jesuíno Marcondes, prorrogou o atendimento jurídico gratuito, recebeu o cacique Perene, da tribo Kaingang, reconheceu como de utilidade pública a Associação Paranaense dos Servidores Públicos Aposentados, compareceu à Festa das Luzes de Chanucá organizada pela comunidade israelita do Paraná, encaminhou a realização de obras de infraestrutura e regularização de posse de terra de quatro áreas de Curitiba (Vila Califórnia, Vila Independência, Nova Jerusalém e São João del Rei), autorizou a construção da Escola Integral no Ribeirão dos Padilha, assinou a desapropriação de 17 terrenos para a construção do terminal de ônibus de Santa Felicidade, e, como presente de Natal para Curitiba, presenciou a entrada em operação da linha Curitiba-Aeroporto em ônibus de luxo. Tudo segundo o que havia afirmado para a imprensa: daria continuidade ao que vinha sendo feito. Na administração a quatro mãos, nada lhe foi novo ou estranho. Seguiu a rotina do mandatário municipal.

Adhail na Festa das Luzes na Comunidade Israelita (acervo pessoal).

Como prefeito interino por apenas 15 dias, não escapou de ter que enfrentar pedido de aumento salarial dos servidores municipais. A situação ficou delicada a partir do momento em que a Câmara de Vereadores instituiu o 14° salário. Considerava a reivindicação justa, mas foi obrigado a vetar o projeto por dois motivos fundamentais:

> Constitucionalmente, é de atribuição do prefeito qualquer dispositivo legal que acarrete despesas. [...] segundo a lei aprovada na Câmara oferece à Prefeitura o 14º e, portanto, isso incide no item despesa do orçamento. O Código Tributário, e que devemos obediência, exige que toda despesa tenha o indicativo de receita e, no projeto, não existe nenhuma indicação de receita. (*Correio de Notícias*, 10 dez. 1987).

Por todas as razões que tivesse, perante a população o prefeito interino passou a ser o "carrasco" dos servidores ao vetar a lei proposta pelos vereadores. Pouco adiantou anunciar que estudos já estariam sendo feitos para propor à Câmara de Vereadores a majoração salarial. Mais forte foi a desconsideração das exigências legais para a concessão do aumento, o que gerou um embate entre o Poder Legislativo e o Executivo municipal, no qual os vereadores auferiram os méritos por defenderem o interesse dos servidores de Curitiba.

Em 1987, Adhail tentou a reeleição para uma cadeira na Assembleia Legislativa e não se elegeu. Adhail e alguns outros candidatos que poderiam contribuir muito para o desenvolvimento do estado não conseguiram os votos necessários. A proliferação de partidos e a instituição do voto vinculado[24] foram parcialmente determinantes para que Adhail não conquistasse uma cadeira na Assembleia Legislativa do Paraná pela segunda vez. Sem considerar as regras do jogo político, reagiu dizendo: "O povo cassou o meu mandato".

Diante de tal situação, o prefeito Roberto Requião convidou Adhail para assumir a presidência do Instituto de Pesquisa e Planejamento de Curitiba. Foi a forma encontrada para ter Adhail por perto e manter a promessa de campanha: gestão a quatro mãos. E assim começou a quarta passagem de Adhail na administração pública.

IPPUC

Agora, mais uma vez, Adhail se sentia em casa. Acompanhou o nascimento do Ippuc e, como integrante do Pladep, participou dos primeiros projetos da instituição. Não era um estranho assumindo a presidência, porque, enquanto vereador, ficou sempre atento aos trabalhos e às decisões tomadas pelo corpo técnico do Ippuc. Melhor ainda, sempre defendeu o papel do Ippuc de pesquisador e planejador. E o mais importante: contou com o Ippuc em todas as ocasiões em que precisou analisar propostas oriundas da administração municipal, principalmente as que diziam respeito a mudanças na lei de zoneamento. A presidência prometia ser sem sobressaltos, tendo em vista que ele gozava de diálogo fácil com a prefeitura e com os vereadores.

---

[24] Voto vinculado é aquele em que o eleitor está condicionado a votar em candidatos de um mesmo partido às eleições para a Câmara dos Deputados e Assembleia Legislativa, sob pena de nulidade do voto para os dois cargos. Instituído pelo Código Eleitoral de 1965 (art. 146, IX, b), foi eliminado da legislação eleitoral pela Lei nº 7.434, de 19 de dezembro de 1985 (Glossário eleitoral do TSE).

Ato de criação do Ippuc (acervo pessoal).

No entanto, ao assumir a presidência do Ippuc, foi convocado a prestar depoimento junto à CPI instalada na Câmara de Vereadores de Curitiba para verificar irregularidades dentro do instituto. Segundo os jornais e revistas, ações do Ippuc denunciavam desvio de finalidade. Depois de ser indicado como pessoa adequada para dar subsídios importantes para a CPI, Adhail fez um longo depoimento (mais de duas horas) no dia 9 de maio de 1983. Na ocasião, expressou seu profundo conhecimento sobre maneiras utilizadas pela prefeitura na tomada de decisões sobre o futuro de Curitiba. Decisões resultantes de uma inversão de propósitos. O Ippuc, em vez orientar a prefeitura por meio de pareceres técnicos sobre quais mudanças realizar e como realizá-las para a solução de problemas da coletividade, estava se subordinando às determinações provenientes da prefeitura. Deixou de ser um órgão consultor, deixou de ter suas considerações técnicas atendidas nas mudanças pretendidas pela administração municipal.

Foi com esta intenção que, aos integrantes da CPI, explicou o modo pelo qual alguns procedimentos fugiam dos propósitos do Ippuc, principalmente os relacionados com a pesquisa e o planejamento. "O IPPUC passou a ser órgão que oferecia ao Executivo Municipal a idealização de determinadas mudanças no zoneamento da cidade, por exemplo, e o executivo ignorou as orientações do IPPUC e passou a baixar decretos [...] e esta Casa de Leis não foi ouvida" (Transcrição da CPI/1983). Além disso, o Ippuc estaria assumindo funções inerentes ao Departamento de Urbanismo, gerando conflito dentro da prefeitura.

> Eu entendo o órgão de planejamento local, IPPUC, como seu próprio nome diz, é um lugar de estudos, de acompanhamento da evolução da cidade de Curitiba. Deve, portanto, nesse acompanhamento, estarem concentradas todas as funções ligadas à coleta de dados e informações para conhecer a evolução da cidade, nos seus múltiplos aspectos, não só físicos, também sociais e, naturalmente depois, conduzir o processo evolutivo da cidade. *(CPI Ippuc/1983).*

Foram muitos os pontos abordados. Adhail analisou as situações uma a uma, descreveu a distorção com base na legislação e sugeriu formas de resolvê-las, e a primeira delas seria verificar se a documentação que regia o Ippuc estaria clara no que se referia às funções do órgão e providenciar a melhoria, se necessário fosse.

Seu depoimento na CPI do Ippuc foi a demonstração de que, como presidente, pretendeu devolver ao órgão suas funções. Estaria cuidando do futuro de Curitiba. Na gestão de Adhail, aconteceram as primeiras conversas para a construção da Torre da Telepar, hoje denominada Torre Panorâmica. Uma simples torre no meio da cidade para somente atender às necessidades da empresa no que tangia à melhoria das telecomunicações não estava nos planos de Adhail. Ela o incomodava, uma vez que em nada estaria contribuindo para os curitibanos. Adhail, o professor do curso de Arquitetura e Urbanismo, lembrou-se de sua visita à sede da Organização das Nações Unidas (ONU), mais especificamente a uma de suas salas, a que tinha à mostra, no seu teto, os dutos de água, luz, refrigeração do ar e telefonia. Todos aparentes, mas cuidadosamente dispostos e coloridos segundo uma estética agradável aos olhos. Em casa, contou à família que o arquiteto quisera demonstrar que "tudo o que é útil é bonito e não precisa estar escondido". Foi a fonte de inspiração para que a construção pudesse ser vista como bonita para todos os curitibanos.

A Torre Panorâmica, naquele momento, agradaria apenas a empresa de telecomunicação, porque lhe seria de grande utilidade. No entanto traria um enorme sombreamento para os vizinhos. Adhail considerou que, neste caso, a empresa deveria dar uma contrapartida para Curitiba, uma cidade carente de sol. Sentiu-se obrigado a tomar uma decisão em prol do bem comum, e não somente para beneficiar a empresa de telecomunicação. Sugeriu a construção de uma sala que servisse de mirante. A sugestão foi acatada, e hoje toda a população e os turistas podem usufruir da torre, que passou a ser mais um ponto turístico de Curitiba. Hoje ela é bela aos olhos dos curitibanos e turistas porque tem utilidade a todos: ver a cidade de cima, admirar o contorno da Serra do Mar.

Departamento de administração de materiais

Ao assumir o governo do estado em 1991, Roberto Requião convidou Adhail para dirigir o assumir o Departamento de Administração de Materiais (Deam), responsável pela realização de procedimentos licitatórios e pelo gerenciamento do Sistema de Gestão de Materiais, Obras e Serviços (GMS) para órgãos e entidades da administração direta e indireta. Foi surpresa para todos, dado o forte relacionamento político entre os dois. A expectativa era de que Adhail assumiria uma secretaria. Mas Requião contava com Adhail para uma missão importante: descobrir formas de evitar o desperdício, a racionalização de despesas e o controle do fornecimento de materiais e estoque. Foi pela seriedade e pela lisura no uso da verba do seu gabinete, nos 12 anos de vereança, que o governador não dispensou Adhail do trabalho de reordenar o Deam. Requião percebeu como Adhail tinha sido atento a desvios no uso do dinheiro público quando, na tribuna da Câmara, apresentava seus questionamentos sobre o uso dos recursos da prefeitura que dependiam de autorização do Legislativo municipal. Na comprovação dos gastos, foi minucioso. Cada prestação de contas era estudada nos detalhes, e solicitava a correção sempre que necessário. Requião só tinha esse companheiro de partido para esta função. Era preciso gastar, mas imperioso seria gastar bem.

> [...] é um grande administrador, é um grande homem público, principalmente dentro de uma honestidade a toda prova, e confesso que nos oito anos que convivi como vereador juntamente com esse vereador, aprendi muito nesta Casa. *(José Gorski - Anais da Câmara Municipal de Curitiba).*

No Deam a tarefa foi árdua. Sabia que estaria mexendo num "vespeiro" e tinha consciência da importância do que faria. Instituiu controle rígido no recebimento de produtos. As carnes e os grãos tinham que ter prazo de validade dilatado e peso conferido no ato da entrega. Constatou que muitos carros oficiais tinham consumo de combustível muito acima da média e instituiu o controle de consumo de cada veículo por meio de preenchimento de formulário com a assinatura do motorista e do responsável pela bomba na data do abastecimento. Por outro lado, ao receber os primeiros pedidos de compra, de imediato percebeu que a quantidade de alguns produtos era demasiadamente exagerada. Analisou os pedidos dos órgãos e estabeleceu uma quantidade razoável para que o depósito não ficasse abarrotado de material com baixo consumo, correndo o risco de se depreciar a ponto de ficar impróprio para uso. Nenhuma licitação foi aprovada sem que o estoque tenha sido consultado. Não demorou muito para que as compras ficassem mais perto da realidade. Conseguiu estancar a entrega de produtos com quilo de 950 g ou com prazo de validade quase vencido. O volume das compras passou a ser adequado ao consumo que a máquina administrativa exigia.

Logo, logo, sem prejuízo para o estado e para os fornecedores, Adhail racionalizou as compras, combateu o desperdício, e o montante de recursos necessários para o Deam baixou.

Secretaria de Estado da Ciência e Tecnologia

Missão cumprida. Era hora de Adhail mudar de função. Então o governador Requião o convidou para assumir a Secretaria de Estado da Ciência e Tecnologia (Seti). Adhail, professor universitário, sentiu-se novamente em meio a professores universitários e alunos das universidades. Conhecia a gestão da universidade pública e privada e estava habituado aos meandros da administração estadual. Mais uma vez, sentiu-se preparado.

Recém-chegado do Deam, continuou a dar tratamento cuidadoso aos gastos. Quando a secretaria recebeu recurso financeiro para enriquecimento das bibliotecas das universidades estaduais, viu que precisava fazer com que as universidades tirassem o melhor proveito da compra a ser efetuada. Solicitou que cada unidade fizesse sua solicitação. Ao analisar os pedidos, verificou que alguns títulos se repetiam, principalmente nas solicitações de assinatura de revistas. Pensou, calculou e, com a experiência de professor, considerou algumas possibilidades: diminuir a quantidade de volumes de um mesmo livro ou revista, pedir que as universidades indicassem os pedidos de menor importância para os cursos e verificar quão viável seria a utilização do Comut[25] para os casos de pedidos idênticos por mais de uma universidade. Alguns cortes foram sugeridos pelos interessados, e as bibliotecas puderam ser mais bem atendidas. Nada fazia sem estar embasado por análise de fatos e estudo de números. Além disso, tudo fazia ouvindo as universidades.

Sempre foi entusiasta do aperfeiçoamento de professores e costumava acompanhar os estudos de quem estava afastado da sala de aula para atualização. Foi com surpresa que, ao analisar um pedido de prorrogação de período de afastamento, tomou conhecimento de que o solicitante não havia cumprido os créditos do curso. Decepcionado, pediu que as providências fossem tomadas.

Por outro lado, a Seti também era responsável pelo desenvolvimento tecnológico do estado. Lembrou-se dos anos do Pladep, em meados da década de 60. Naquela época, foi até o governador Ney Braga (1961 a 1964) para propor o incentivo na produção de medicamentos pela Faculdade de Medicina do Paraná, mais especificamente pelo recém-criado curso de Farmácia e Bioquímica, em Londrina. Lá seriam produzidos os medicamentos básicos mais utilizados nos hospitais públicos e postos de saúde. Ney Braga achou a ideia interessante e propôs-se estudar o caso. Logo veio a negativa ao pedido. Na época, a rede das Farmácias Minerva era a única grande rede de farmácias no estado e a fornecedora de medicamentos quase que exclusiva para o sistema de saúde do Paraná. A pressão para a manutenção da situação foi grande, e o governador achou por bem não correr o risco de desabastecer os hospitais e postos de saúde, uma vez que o Laboratório de Produção de Medicamentos não teria capacidade para suprir todas as necessidades do estado. Na Seti, Adhail voltou à carga para fazer da universidade uma produtora de medicamentos. Além disso, a proposta traria benefícios para os alunos do curso de Farmácia e Bioquímica. Seria uma oportunidade de sair do curso com mais preparo profissional e, além disso, fortalecer um dos três pilares das universidades, a extensão[26].

---

[25] O Comut é um programa brasileiro de computação bibliográfica. Para participar, o usuário deve cadastrar-se no programa via Internet. A partir daí, o usuário pode solicitar cópia de periódicos, teses, anais de congresso, relatórios técnicos e parte de documentos que estão disponíveis nas principais bibliotecas nacionais.

[26] O objetivo da extensão é criar uma relação entre a comunidade e a universidade. Para isso, são desenvolvidas ações que possibilitem trocas de conhecimentos; dessa forma, a instituição leva à comunidade os saberes desenvolvidos em seus espaços e presta auxílio à população, seja por meio de atendimento gratuito, clínica-escola, orientação, entre outros. Assim como as comunidades retribuem compartilhando os conhecimentos que é detentora e atuando em prol da defesa da educação.

O tempo tratou de dar à mesma proposta um ambiente mais favorável para aprovação pela administração pública. As faculdades isoladas da região passaram a constituir a Universidade Estadual de Londrina (UEL), e a edificação do Laboratório de Medicamentos, ao ser incorporada ao patrimônio da UEL, ofereceu a estrutura física para realizar o que havia sido proposto por Adhail nos idos de 1960.

Assim, com o incentivo de Adhail, "em meados de 1992, deu-se início a um programa de recuperação e modernização do Laboratório de Produção de Medicamentos em Londrina e Maringá. O início das atividades dos dois laboratórios ocorreu em maio de 1993, quando no mesmo ano obteve os registros de onze produtos no Ministério da Saúde (MS)". De 1993 até 2002, foi considerado o maior laboratório público produtor de medicamentos do estado. Felicidade para Adhail e orgulho para os paranaenses.

Sede do Laboratório de Produção de Medicamentos (UEL).

Como secretário de Estado de Ciência e Tecnologia, ainda Adhail teve a oportunidade de verificar quão importante foi a aprovação do Decreto 9.853/1986, resultado de sua iniciativa quando deputado estadual (Projeto de Lei 321/1984), que instituiu o Funcitec. Diferentemente da criação do Parque Estadual do Pico do Marumbi, esta proposta não demorou décadas. Foi a sensibilidade do governador João Elísio Ferraz de Campos que deu agilidade à proposta do Adhail. Em 1997, a Gazeta do Povo registrou a importância do Funcitec da seguinte maneira.

> [...] o nascimento desse fundo é um começo para a aglutinação de setores que irão responder, num breve amanhã, pelas mais largas e concretas possibilidades do futuro paranaense. Não somos mais um Paraná com enxadas nos ombros, rachando as mãos nas incertezas da agricultura sem bússolas de uma efetiva política agrícola. (*Gazeta do Povo,* 17 de outubro de 1986)

O Funcitec passou a ser fundamental para que o Instituto de Tecnologia do Paraná (Tecpar) viesse promover o desenvolvimento tecnológico no Paraná. Os recursos disponibilizados pelo Estado avolumaram o trabalho da instituição, que precisou de ampliação da estrutura física. E foi Adhail que teve a honra de participar da inauguração do edifício que, a partir de 1994, passaria a abrigar a Incubadora Tecnológica de Curitiba (Intec), responsável pela articulação de pesquisa/empreendedorismo/inovação com empresas existentes ou embrionárias, reduzindo as dificuldades na inserção no mercado.

Inauguração das instalações da Incubadora Tecnológica (Intec) da TECPAR (acervo pessoal).

Nada no período em que esteve à frente da Seti trouxe ao Adhail mais satisfação do que acompanhar os primeiros passos da Universidade Estadual do Centro-Oeste do Paraná (Unicentro), que tem uma de suas sedes na cidade natal de Adhail, Guarapuava. Certamente que todas as vezes que a Unicentro esteve na pauta da secretaria, vinha-lhe à memória o motivo da transferência da família para Curitiba: oferta de somente os quatro primeiros anos da escolarização. Mal podia acreditar que a Guarapuava da infância abrigava uma universidade! Agora os jovens guarapuavanos não precisariam mais sair de casa em busca da continuidade dos estudos e, quem sabe, como ele, nunca mais voltar.

9
maiores legados

Deixem que o futuro diga a verdade e avalie cada um de acordo com o seu trabalho e realizações. O presente pertence a eles, mas o futuro pelo qual eu sempre trabalhei pertence a mim.
(Nikola Tesla)

O legado que Adhail, vereador, deputado estadual e administrador público, deixou para a comunidade curitibana e paranaense foge às características que todos estão acostumados a ver. As benfeitorias não são materiais, não podem ser fotografadas. É legado que serve para amenizar dificuldades que curitibanos e paranaenses enfrentam no cotidiano. Adhail foi fundamental para que a população, hoje e sempre, possa usufruir da vegetação exuberante da Serra do Mar, que crianças tenham acesso facilitado a atendimento em escolas especiais e que o desenvolvimento tecnológico promovido pelo Tecpar possa ter condições de fazer do Paraná destaque no cenário nacional da tecnologia. Não há como mensurar o número de beneficiários. Milhares e milhares. Sem exagero, uma população inteira de Curitiba e do Paraná e, por que não dizer, do Brasil.

Adhail não se envaidecia com o *status* que lhe dava o cargo de destaque que ocupou na administração pública ou no Legislativo. Orgulhava-se da oportunidade de melhorar sua comunidade.

Sistema Integrado de Transporte Especial

A primeira grande conquista Adhail ainda era vereador. Ao perceber que crianças com deficiência tinham dificuldade de acesso às escolas especiais, em 1980 iniciou a sensibilização dos vereadores e da Prefeitura de Curitiba para a criação de um sistema de transporte para esses cidadãos, garantindo-lhes direitos constitucionais de acesso à educação.

> A dolorosa estatística, constatada pelo vereador Adhail Sprenger Passos (PMDB), de que só em Curitiba existem 55 mil deficientes físicos de todas as idades, classes sociais e graus de instrução, levaram-no a empunhar bandeira extremamente simpática. Ele quer – e já fez proposição concreta neste sentido, à espera da decisão positiva da Prefeitura – a construção em uma grande praça, uma área e lazer para deficientes. (*O Estado do Paraná*, 28 maio 1981).

Demorou um pouco, mas a proposta tornou-se realidade em 1984, ocasião em que o Sistema Integrado de Transporte Especial (Sites) contava com apenas 14 linhas e atendia 380 alunos.

Os anos passaram, e até hoje os ônibus azuis com tarja amarela estão levando pequenos curitibanos de casa para a escola e da escola para casa com todo o cuidado de que eles precisam.

Parque Estadual Pico Marumbi

A segunda grande conquista está relacionada ao meio ambiente. Tão logo assumiu a cadeira de deputado estadual (1982), preocupou-se em atender a população que solicitava, há 20 anos, a proteção da Mata Atlântica da Serra do Mar. O desmatamento acelerava-se, e grupos ligados ao meio ambiente tentavam protegê-la de empresas interessadas em explorar rochas ou promover o desmatamento.

É importante mencionar que escoteiros da região do Paraná, mais especificamente escoteiros de Curitiba, tentavam proteger a destruição da mata por meio de atividades com crianças e jovens de 7 a 18 anos. A conservação do meio ambiente brotou nos filhos do Adhail quando participaram de atividades na Serra do Mar, tais como coleta de lixo, construção de caixas d'água com base em garrafas PET com a água para serem usadas em caso de incêndio, e contenção do processo de erosão por meio da colocação de pedras, em uma estrada desativada. Estrada aberta por uma empresa que pretendia fazer a extração de pedras. Por sorte, as chuvas de verão fizeram com que enxurradas destruíssem a estrada, e o empreendimento deixou de ser interessante. Era chegada a hora de resolver a questão.

Com o apoio de João José Bigarella, um dos primeiros defensores do meio ambiente no Paraná, Adhail encontrou o suporte técnico de que precisava para dar maior robustez ao processo de proteção da Mata Atlântica. As justificativas foram de cunho histórico, social, econômico e, acima de tudo, ambiental. Tão logo o processo foi instaurado na Assembleia Legislativa, solicitou que se fizesse um pedido ao ministro extraordinário de Assuntos Fundiários do governo federal para que fossem alocados os recursos financeiros necessários para a implantação do Parque Estadual do Pico Marumbi. Ao governo do estado também solicitou o repasse de verbas a fim de agilizar os processos de desapropriação e custear a implantação do referido parque. Assim que recebeu a resposta de que os recursos federais não poderiam ser disponibilizados, sugeriu ao governador José Richa a inclusão desta necessidade no orçamento do estado. Demorou um pouco, mas aquela angústia de ver a Serra do Mar sendo devastada acabou em 24 de setembro de 1990, com a publicação do Decreto 7.300.

> DECRETO Nº 7300, DE 24 DE SETEMBRO DE 1990.
>
> SÚMULA: CRIAÇÃO DO PARQUE ESTADUAL PICO DO MARUMBI NA COMARCA DE MORRETES COMO MENCIONADO NESSE DECRETO.
>
> [...]
>
> Art. 1º Fica criado o "PARQUE ESTADUAL PICO DO MARUMBI", situado no Município e Comarca de Morretes, constituído pelos ... imóveis unificados perfazem a área total de 2.342,4148 ha (dois mil, trezentos e quarenta e dois hectares, quarenta e um ares e quarenta e oito centrares), conforme limites e confrontações contidos no memorial descritivo anexo que passa a fazer parte integrante do presente. *(Decreto Publicado no Diário Oficial, n. 3.356, 24 set. 1990)*

A convivência com o escotismo, entidade educacional que orienta crianças e jovens para o cuidado com o meio ambiente, e com João José Bigarella, também professor da Universidade Federal do Paraná, foi determinante para que Adhail abraçasse essa causa ambiental que faz da Serra do Mar um dos poucos lugares em que a Mata Atlântica está preservada.

Torre Panorâmica de Curitiba

Torre Panorâmica de Curitiba (Daniel Castellano/SMCS).

A terceira oportunidade de realização de uma grande obra veio quando assumiu a presidência do Ippuc, a convite do prefeito Roberto Requião. Adhail não tinha sido reeleito deputado estadual, e o prefeito queria-o por perto, uma vez que, na campanha, haviam combinado que a administração municipal seria a quatro mãos.

> O vice-prefeito de Curitiba, Adhail Sprenger Passos aceitou o convite do prefeito Roberto Requião para assumir o IPPUC. (*Correio de Notícias*, 11 jan. 1987).

No Ippuc, sentia-se como se estivesse em casa. O conhecimento que tinha da instituição era profundo, e vinha acompanhando as atividades do órgão desde a sua criação, quando trabalhava no Pladep. O período de vereança foi de constantes consultas ao instituto, pois vinha buscar subsídios para defesa, crítica e contribuições em projetos vindos da prefeitura.

> Professor, Adhail Sprenger Passos explicou ontem detalhadamente e didaticamente cada uma das mudanças pretendidas pelo prefeito Roberto Requião para o sistema de transporte coletivo. A primeira grande diferença é institucional. [...] Além desta diferença, pagamento das empresas por quilômetro rodado, eliminação das áreas seletivas para poder criar linhas diametrais e transversais, dinheiro movimentado em banco oficial (Banestado), possibilidade de implantação de tarifa social (hoje é única), implantação de ficha de controle dos horários do ônibus, uso obrigatório de tacógrafo e implantação de um grande sistema de fiscalização. (*Correio de Notícias*, 22 jan. 1987).

Assumiu a presidência sendo um bom conhecedor dos trabalhos do instituto, conforme demonstrado no seu depoimento à CPI do Ippuc (1983), em que relatou ser um dos responsáveis pela criação do instituto em 1963. Foi assim que iniciou seu depoimento, não como algoz, mas como cuidador. Afinal, vira o Ippuc nascer.

> [...] não vejo nesse fórum de debates que ele sirva apenas e exclusivamente para apurar irregularidades. [...] É evidente que se o inquérito resultar na descoberta de irregularidades, elas devem ser pesquisadas e serem penalizados os que as provocaram. Mas eu entendo que a CPI é uma coisa mais ampla e prefiro mais ter o papel de abridor de caminhos para que o IPPUC cumpra suas elevadas funções. [...] para dizer da minha alegria da minha satisfação de estar aqui, perante uma Comissão Parlamentar de Inquérito na Câmara Municipal de Curitiba, para ver se apresento aqui uma ideia para corrigir distorções. *(CPI da CMC de 5 de maio de 1983)*

E nesse depoimento, de mais de duas horas, analisou e apresentou suas considerações sobre as denúncias contra o Ippuc veiculadas pela imprensa tentando instrumentalizar os vereadores para a futura elaboração das conclusões da CPI.

> "O IPPUC é um órgão de planejamento local e de estudos de acompanhamento da evolução da cidade de Curitiba. [...] nele devem estar concentradas todas as funções ligadas à coleta de dados e informações para conhecer a evolução da cidade nos seus múltiplos aspectos, não só físico, mas também sociais.
>
> "O IPPUC, integrante da estrutura administrativa da Prefeitura, passou a ser, não apenas um órgão de estudo e planejamento, de pesquisa e planejamento, mas também órgão executor — executando tarefas que não seriam especificamente dele; seriam do Departamento de Urbanismo, por exemplo. E começou a haver conflitos.
>
> "O IPPUC passou a ser órgão que oferecia ao executivo municipal a idealização de determinadas mudanças na lei de zoneamento da cidade e o executivo passou a baixar decretos e esta Casa de Leis não era ouvida. Uma grande parte das modificações no zoneamento da cidade foi feita por decreto e isso faz com que mais fácil os interesses imobiliários, especulativos se façam presentes como lobby junto ao executivo". *(CPI da CMC de 5 de maio de 1983)*

Durante a CPI, Adhail nem imaginava que presidiria o Ippuc e que poderia cuidar pessoalmente do instituto a fim de que este viesse a cumprir as funções para as quais tinha sido criado.

Adhail raramente comentava assuntos de trabalho com seus familiares, mas desta vez não se conteve. Contou que havia participado de uma reunião para discutir a construção de uma torre de telecomunicação em Curitiba. A torre serviria para dar suporte a antenas das telecomunicações. A necessidade era indiscutível, mas, ao perceber que os mais de 100 metros de altura produziriam uma considerável sombra nas casas vizinhas, Adhail então sugeriu um pequeno aumento da altura da edificação para que esse espaço acrescido fosse destinado a um mirante. Uma forma de compensar a sombra projetada no solo.

> A torre foi feita para as antenas, mas não poderia ser inútil aos curitibanos. A torre deveria trazer benefícios para empresa de telecomunicações e comunidade. A participação do IPPUC foi fundamental para a liberação da torre como uma obra para Curitiba e na parte legal ao verificar a interferência da torre na cidade", conta Navaro, na época, supervisor e planejamento. [...] Antes de ser um mirante, a Torre da Telepar abrigaria um restaurante e os arquitetos Domingos Bongestabs e Valery Kalko, chegaram a fazer um estudo de implementação com dados fornecidos pela Telepar. Depois foi decidido que seria instalado o mirante no topo da torre em um acordo entre a Telepar e a Prefeitura. (*Gazeta do Povo, 3 de dezembro de 2017*).

Hoje a Torre Panorâmica de Curitiba é muito mais do que Adhail havia imaginado; não é apenas um mirante que possibilita uma visão de 360° da cidade e, nos dias bem ensolarados, uma bela vista da Serra do Mar. Nela existe o Museu do Telefone e um mural do artista curitibano Poty Lazzarotto.

Este foi o momento em que lhe foi permitido pôr em prática o que aprendera em visita ao Edifício das Nações Unidas, nos anos 1960. Mais especificamente à sala que trazia todos os dutos aparentes no teto, cuidadosamente distribuídos, com o intuito de mostrar que a beleza podia vir da utilidade. A torre não é uma construção que exibe a criatividade do arquiteto, nem é demonstração da capacidade de engenheiros vencerem os desafios da construção civil. A torre é bela porque, do seu topo, é possível ver Curitiba inteirinha emoldurada pelas montanhas da Serra do Mar.

Instituto de Tecnologia do Paraná

O envolvimento de Adhail com o Tecpar é anterior ao momento em que assumiu a Secretaria de Estado de Ciência e Tecnologia do Paraná. Para que se entenda melhor a preocupação de Adhail com a instituição, é preciso voltar ao passado não muito recente.

Em 1930, Brasil Pinheiro Machado deu-se conta de que a história do Paraná estava repleta de fatos em que o estado passara despercebido por muitas décadas, e afirmou "O paranaense não existe", referindo-se à ausência do estado nas rebeliões e nos pactos fundadores da história nacional". Foi com esse mesmo sentimento de preterimento que Adhail, em 1961, propôs ao governador Ney Braga a possibilidade de transformar o laboratório da Faculdade de Londrina em produtor dos medicamentos mais usados nos hospitais públicos. A ideia não avançou porque não seria conveniente mudar o relacionamento com as Farmácias Minerva. A possibilidade de colocar o Paraná no cenário da produção de medicamentos ficou no esquecimento.

Como deputado, outra vez Adhail estava preocupado com a quase ausência do Paraná junto ao desenvolvimento tecnológico no Brasil, apesar da existência do Instituto de Tecnologia do Paraná. Analisou a situação e apresentou uma proposta para fazer com que o Tecpar tivesse os recursos financeiros para desenvolver seus projetos. Assim surgiu o Funcitec.

> Está em análise da Comissão de Constituição e Justiça o projeto oferecido a exame da Casa pelo deputado Adhail Sprenger Passos propondo a instituição do Fundo Estadual de Desenvolvimento Científico e Tecnológico do Estado do Paraná - FUNCITEC. A proposição com oito artigos, dispõe sobre a finalidade do novo órgão e forma de manutenção, discriminando suas origens de recursos de sua constituição e dispositivos de controle dos recursos carreados ao Fundo. A sua finalidade é promover os meios necessários ao desenvolvimento e atividades científicas e tecnológicas capacitando financeiramente e oferecendo garantia às pessoas físicas e jurídicas nacionais a executarem estudos, programas e projetos e outras atividades que tenham como objetivo o desenvolvimento científico e tecnológico do Paraná, bem como o aperfeiçoamento de técnicas, processos e produtos e a absorção, utilização e difusão de tecnologias apropriadas à região. (*Gazeta do Povo*, 24 nov. 1984).

Não foi somente Adhail a acompanhar o andamento do seu projeto de lei que pretendia dar estrutura financeira aos trabalhos a serem desenvolvidos pelo Tecpar. A imprensa também estava atenta à importância do projeto.

> Quinta, 29, passou em segunda discussão na Assembleia Legislativa o Projeto de Lei nº 321/84 de autoria do deputado Adhail Sprenger Passos, do PMDB, que autoriza o governador José Richa a instituir o Fundo Estadual de Desenvolvimento Científico e Tecnológico do Paraná – Funcitec. Adhail disse que o objetivo básico do projeto "é promover o apoio financeiro aos estudos, programas, projetos e pesquisas prioritárias, de desenvolvimento científico e tecnológico, em conformidade com as diretrizes estabelecidas no Plano de ação do Governo." Pelo texto, o Funcitec seria vinculado ao Conselho Estadual de Ciência e Tecnologia, órgão da estrutura da Secretaria do Planejamento. (*Gazeta do Povo*, 2 set. 1985).

O Tecpar, tendo como origem o Laboratório de Análises Clínicas (1940) e o Instituto de Biologia e Pesquisas Tecnológicas (1942), pelo Funcitec teria melhores condições de alavancar o desenvolvimento tecnológico do Paraná. Mas Adhail queria mais para o Tecpar e para o Paraná. Foi buscar no Banco de Desenvolvimento do Paraná (Badep) outro apoio para fomentar as atividades do Tecpar.

> Uma série de sugestões à política adotada pelo BADEP foram feitas pelo deputado estadual Adhail Sprender Passos (PMDB), durante a reunião em que se discutiu o plano quinquenal daquela instituição. O parlamentar defendeu, inicialmente, que o BADEP passe a dar prioridade ao financiamento a empresas que utilizem matérias-primas e insumos regionais, no sentido de que o Paraná deixe de ser um fornecedor quase exclusivo de bens primários e passe a ser um grande produtor de bens industrializados. Entende Adhail que tal procedimento favoreceria especialmente as pequenas, médias e microindústrias, ressaltando que estas são aos que ocupam maior volume de mão-de-obra. (*Correio de Notícias*, 18 jun. 1986).

Quase dez anos depois, o boletim informativo do Tecpar desvelava o sentimento dos profissionais da instituição quando da inauguração do prédio.

> A casa da Ciência e da Tecnologia já é uma realidade. Foi inaugurada na segunda-feira, dia 21.03, pelo governador Roberto Requião. A missão do TECPAR é promover a pesquisa e o desenvolvimento tecnológico e industrial do Paraná, a produção de biológicos e a prestação de serviços laboratoriais, contribuindo para a melhoria da qualidade de vida da população. (*Boletim informativo do Tecpar*, 16 a 31 mar. 1994).

Resiliente, Adhail não perdeu uma oportunidade sequer para fazer com que o governador se sensibilizasse pela sua causa: a legalização do Funcitec.

> O vice-prefeito e ex-deputado estadual Adhail Sprenger Passos enalteceu ontem a atuação do governador João Elísio Ferraz de Campos à frente do Executivo como "uma brilhante revelação de político e administrador que está de passagem no cargo. Entre outras atenções que mereci do governador, enfatizou o presidente do IPPUC - quero destacar a criação do Funcitec - Fundo de Desenvolvimento Tecnológico - sugestão que encaminhei quando na função de deputado e que mereceu pronta acolhida de João Elísio. Com este passo, o Paraná caminha para vencer a dependência tecnológica em que vive". (*Correio de Notícias*, 6 fev. 1987).

Em entrevista ao jornal *Indústria e Comércio* dos dias 5 e 7 de julho 1994, está o registro da importância que Adhail dava ao Tecpar:

> Nós estamos em condições de fazer, nos diversos setores da economia, um diagnóstico do processo tecnológico que as empresas executam.
>
> O governo do Estado aplica, dos recursos tributários do Tesouro de Estado, cerca de 2,3% em pesquisa científica-tecnológica.
>
> Deixe que os Estados desenvolvam as tecnologias segundo sua vocação, que estimulem a massa crítica que possa estar voltada à pesquisa científica e tecnológica.

Com os recursos do Funcitec, o Tecpar pode contribuir tecnologicamente na área da saúde, realizando um sonho muito antigo do deputado Adhail: o Estado como facilitador dos serviços de saúde.

> O Governo do Paraná vai fornecer, a preço de custo, os primeiros cateteres fabricados no Brasil para pacientes com câncer, atendidos pelo Sistema Único de Saúde (SUS). O cateter totalmente implantável "basic port" é resultado do projeto "Desenvolvimento e incorporação de novas tecnologias para melhorar a qualidade do processo produtivo de materiais biomédicos", desenvolvido pelo Instituto de Bioengenharia Erasto Gaertner (Ibeg), com recursos da Secretaria de Ciência, Tecnologia e Ensino Superior/Fundo Paraná. O termo de compromisso foi assinado na manhã desta terça-feira (29), durante a Escola de Governo, no Museu Oscar Niemeyer, pelo governador em exercício Orlando Pessutti.

Na ocasião em que foi assinado o compromisso de fornecer cateteres ao Hospital Erasto Gaertner:

> Pessutti homenageou a memória do deputado Adhail Sprenger Passos, que durante a elaboração da Constituição Estadual, em 1989, incluiu o artigo que destina 2% da receita tributária para formar um fundo de ciência e tecnologia e instituiu o Conselho de Ciência e Tecnologia, antes mesmo da formação do atual Fundo Paraná. Segundo o governador em exercício, é importante conhecer os resultados dos investimentos nos últimos cinco anos. "Temos hoje projetos de repovoamento dos rios e baías do Paraná, implementados por universidades públicas, e que já começam a devolver espécies nativas que desapareceram há algum tempo", afirmou Pessutti. "Só os grandes estadistas investem na educação, na ciência e tecnologia, pois os resultados nessas áreas quase sempre não coincidem com o período de governo", disse a secretária Lygia Pupatto. Ela lembrou que, a partir de 2003, o Governo do Paraná determinou que os recursos do Fundo de ciência e tecnologia passassem a ser investidos também em hospitais universitários e filantrópicos com o objetivo de beneficiar os pacientes do SUS. *(Memória TECPAR)*

Entrega de cateter "baricport" ao Hospital Erasto Gaertner (acervo pessoal).

Quantas crianças e jovens utilizaram o ônibus azul e amarelo para se beneficiar do atendimento nas escolas especiais?

O que seria de Curitiba no período de seca, se o Parque Estadual do Marumbi não tivesse sido criado?

Quantos curitibanos e muitos outros, de outras partes do Paraná, do Brasil e do mundo, estariam privados de ver Curitiba do alto?

E como mensurar os benefícios tecnológicos amparados pelo Tecpar?

assim como Nikola Tesla, Adhail viveu o presente com o olhar fixo no futuro, e de seu legado estamos nos beneficiando todos nós.

10
BIOGRAFIA RESUMIDA

1924 – Nasce em Guarapuava/PR.

1936 a 1942 – Lustrador, entregador de pacotes, cobrador e caixa em diversos estabelecimentos comerciais.

1942 a 1947 – Secretário na Prefeitura Municipal de Curitiba.

1943 – Conclui a educação básica no Ginásio Paranaense.

1943 a 1948 – Redator auxiliar, redator-chefe e diretor da Revista Técnica editada pelo Diretório Acadêmico da Faculdade de Engenharia da Universidade Federal do Paraná.

1948 – Conclui o curso de Engenharia Civil na UFPR.

1954 a 1955 – Engenheiro da Companhia Sul de Colonização.

1955 – Fundador do Lions Clube de Cruzeiro do Oeste/PR.

1956 – Suplente de vereador em Cruzeiro do Oeste.

1958 a 1960 – Pesquisador do Centro de Estudos e Pesquisas Econômicas da Faculdade de Ciências Econômicas da UFPR.

1959 – Estagiário do Centro de Pesquisas Econômicas da UFPR.

1961 a 1962 – Diretor técnico e presidente do Instituto Nacional de Imigração e Colonização.

1962 – Assessor técnico da Companhia de Desenvolvimento do Paraná, depois Badep.

1963 a 1965 – Coordenador do Plano de Desenvolvimento do Paraná.

1963 a 1965 – Membro do Conselho de Administração da Companhia de Telecomunicações do Paraná.

1968 a 1978 – Examinador em processos de readaptação para o cargo de engenheiro do Serviço Público Federal do Departamento Administrativo do Pessoal Civil.

1962 a 1966 – Fundador e presidente da Associação Comunitária do Capanema (Curitiba).

1963 a 1978 – Engenheiro do Departamento dos Correios e Telégrafos/Ministério de Viação e Obras Públicas.

1967 a 1985 – Professor universitário na UFPR (Faculdades de Ciências Econômicas e Engenharia do Paraná) e Universidade Católica do Paraná (Faculdades de Administração e Economia).

1969 a 1983 – Vereador à Câmara Municipal de Curitiba (MDB e PMDB).

1969 a 1975 – Professor do Curso para Noivos da Arquidiocese de Curitiba e do Movimento Familiar Cristão.

1970 a 1971 – Membro do Conselho Deliberativo do Coritiba Foot Ball Club.

1972 a 1982 – Fundador e presidente da Associação Difusora de Treinamentos e Projetos Pedagógicos.

1973 a 1984 – Vereador do município de Curitiba (MDB).

1973 a 1977– Outras funções universitárias: coordenador de disciplinas, membro de Conselho Universitário (representante dos professores), membro de Colegiado do Curso de Engenharia e do Colegiado do Departamento de Comunicações e Ciências Sociais, membro da Comissão Central do Concurso Vestibular, membro de Banca Examinadora para professor e de concursos de projetos para estudantes de concurso para professores.

1984 a 1985 – Presidente do Conselho Regional da União dos Escoteiros do Brasil.

1984 a 1985 – Membro suplente do Conselho Fiscal do Centro de Integração Empresa-Escola do Paraná (CIEE/PR).

1985 a 1988 – Deputado estadual do Paraná.

1991 – Diretor do Departamento de Administração de Materiais do Estado do Paraná.

1992 - 1994 – Secretário de Estado de Ciência e Tecnologia e Ensino Superior do Paraná.

2003 – Falece em 19 de dezembro, em Curitiba.

Prêmios e Honrarias

1960 – Prêmio Visconde de Mauá – Diretório Acadêmico Visconde de Mauá da Faculdade de Administração e Economia da UFPR.

1960 – Medalha Barão do Cerro Azul – Associação Comercial do Paraná.

1960 – Prêmio Inco – Banco da Indústria e Comércio.

1963 – Cidadão Honorário de Elk Grove Village – Illinois/EUA.

1971 – Medalha Gratidão Bronze – União dos Escoteiros do Brasil.

1973 – Diploma por Relevantes Serviços Prestados à Educação do Paraná – Programa Nacional de Carta Escolar (Procarta) – Ministério de Educação e Cultura.

1974 – Diploma de Honra ao Mérito – Sociedade Thalia.

1975 – Placa de Prata em reconhecimento pela atuação como vereador – Câmara Municipal de Curitiba.

1979 – Prêmio Panorama 78 – Revista Panorama (Curitiba).

1979 – Diploma de Honra ao Mérito – Universidade Federal do Paraná.

1980 – Diploma de Sócio Honorário – Sociedade Beneficente dos Carteiros do Paraná.

1980 – Diploma Amigo do INP – Instituto Neo-Pitagórico.

1980 – Diploma de Gratidão – Grupo Escoteiro São Luiz de Gonzaga – União dos Escoteiros do Brasil – Região do Paraná.

1980 – Diploma de Consagração Pública – Instituto de Fraternidade Universal.

1982 – Político do Ano – Diário Popular.

1982 – Placa de Prata em reconhecimento por serviços prestados à Associação Beneficente dos Alfaiates do Estado do Paraná.

1982 – Placa de Prata em reconhecimento por serviços prestados ao Conselho Regional de Economia, 6ª Região – Paraná.

1982 – Placa de Prata em reconhecimento por serviços prestados – Associação Brasileira de Apoio às Empresas Privadas (Abaep).

1983 – Voto de Congratulações na Câmara Municipal de Curitiba.

1983 a 1984 – Diploma de Amigo do Grupo – Grupo Escoteiro São Judas Tadeu – União dos Escoteiros do Brasil – Região do Paraná.

1984 – Medalha Gratidão Ouro – União dos Escoteiros do Brasil.

1984 – Certificado de Agradecimento – XIV Conferência Interamericana de Escotismo (Curitiba).

1984 – Cavalheiro da Boca Maldita.

1984 – Diploma de Amigo do Grupo – Grupo Escoteiro do Ar Brigadeiro Eppinghaus – União dos Escoteiros do Brasil – Região do Paraná.

1985 – Diploma de Benfeitor Emérito – Câmara Municipal de Curitiba.

SOBRE A AUTORA

Nascida em Curitiba, **Adalnice Passos Lima** é formada em Letras Português/ Inglês pela Universidade Federal do Paraná, com especialização em Inglês pela Universidade de Warwick/Inglaterra, Gestão Educacional, Educação de Jovens e Adultos e Tecnologias na Educação.

Foi professora de Literatura Brasileira no curso de Letras de Universidade Federal do Paraná. No Colégio Madalena Sofia, na Prefeitura de Curitiba e na Rede Estadual de Ensino, fez parte do corpo docente da Educação Básica. Na Secretaria de Estado da Educação, integrou a equipe administrativa dos Núcleos Regionais de Educação da Área Norte e Sul, Superintendência de Educação, Departamento da Educação de Jovens e Adultos e Portal Dia-a-Dia Educação. Foi Coordenadora do Centro de Ensino de Línguas Estrangeiras da Secretaria de Estado da Educação do Paraná.

Participou do Movimento Bandeirante dos 12 aos 19 anos e, na idade adulta, ocupou vários cargos na Diretoria do Grupo Escoteiro São Judas Tadeu, em Curitiba.

Coautora do Capítulo "Letramento Midiático e a Escola", publicado em "Informática, para o desenvolvimento Humano", Editora MRV, 2013.

www.editorainverso.com.br
facebook.com/editorainverso
@editorainverso
(+55 41) 3254-1616 e 3538-8001
(+55 41) 99798-7623